A reflexão e a prática no ensino

5

Ciências

Blucher

A reflexão e a prática no ensino

5

Ciências

Márcio Rogério de Oliveira Cano
coordenador

Luciana de Oliveira Léllis
Sílvio Miranda Prada
autores

Coleção A reflexão e a prática no ensino - Volume 5 - Ciências
MÁRCIO ROGÉRIO DE OLIVEIRA CANO (coordenador), LUCIANA DE OLIVEIRA LÉLLIS, SÍLVIO MIRANDA PRADA ©2011 Editora Edgard Blücher Ltda.

Blucher

Rua Pedroso Alvarenga, 1245, 4º andar
04531-012 – São Paulo – SP – Brasil
Tel.: 55 11 3078-5366
editora@blucher.com.br
www.blucher.com.br

Segundo o Novo Acordo Ortográfico, conforme 5. ed. do *Vocabulário Ortográfico da Língua Portuguesa*, Academia Brasileira de Letras, março de 2009

É proibida a reprodução total ou parcial por quaisquer meios, sem autorização escrita da Editora.

Todos os direitos reservados pela Editora Edgard Blücher Ltda.

Ficha catalográfica

Léllis, Luciana de Oliveira

    A reflexão e a prática no ensino: Ciências, vol. 5 / Luciana de Oliveira Léllis, Sílvio Miranda Prada; Márcio Rogério de Oliveira Cano, coordenador. -- São Paulo: Blucher, 2011.

Bibliografia
ISBN 978-85-212-0637-8

1. Ciências - Estudo e ensino I. Prada, Sílvio Miranda. II. Cano, Márcio Rogério de Oliveira. III. Título.

| 11-11141 | CDD-507 |

Índices para catálogo sistemático:
1. Ciências: Estudo e ensino 507

Sobre os autores

MÁRCIO ROGÉRIO DE OLIVEIRA CANO (COORD.)

É mestre e doutorando pelo Programa de Estudos Pós-Graduados em Língua Portuguesa da Pontifícia Universidade Católica de São Paulo. Desenvolve pesquisas na área de Ensino de Língua Portuguesa e Análise do Discurso. Possui várias publicações e trabalhos apresentados na área, além de vasta experiência nos mais variados níveis de ensino. Também atua na formação de professores de Língua Portuguesa e de Leitura e produção de textos nas diversas áreas do conhecimento nas redes pública e particular.

LUCIANA DE OLIVEIRA LÉLLIS

Possui licenciatura e bacharelado em Química, pela USP de São Paulo, onde também obteve o título de Mestre em Ensino de Ciências. É formadora de professores e atuou em projetos como o PEC e o Projeto Teia do Saber da SEESP. É, ainda, membro da Comissão Técnica de Divulgação da Química e professora de cursos de formação continuada de Química do CRQ – 4ª Região. Também atuou, por vários anos, como professora de Ciências no ciclo II do EF na rede do ensino particular de São Paulo. É professora no curso de Licenciatura e Bacharelado em Química do Centro Universitário FIEO (UNIFIEO) desde 2002.

SÍLVIO MIRANDA PRADA

Possui licenciatura e bacharelado em Química com Atribuições Tecnológicas pela Universidade Mackenzie. É Mestre e Doutor em Ciências na área de Química Analítica pela USP de São Paulo e possui pós-doutorado em Química Analítica Ambiental pela mesma universidade. É membro da Comissão Técnica de Divulgação da Química e professor de cursos de formação continuada de Química do CRQ – 4ª Região. Atua como pesquisador na área de Química Ambiental e professor nos cursos de Licenciatura e Bacharelado em Ciências e Química no Centro Universitário FIEO (UNIFIEO), desde 1997.

Apresentação

> *A experiência é o que nos passa, o que nos acontece, o que nos toca. Não o que se passa, não o que acontece, ou o que toca. A cada dia se passam muitas coisas, porém, ao mesmo tempo, quase nada nos acontece. Dir-se-ia que tudo o que se passa está organizado para que nada nos aconteça. Walter Benjamin, em um texto célebre, já observava a pobreza de experiências que caracteriza o nosso mundo. Nunca se passaram tantas coisas, mas a experiência é cada vez mais rara.*
>
> Jorge Larrosa Bondía, 2001,
> I Seminário Internacional de Educação de Campinas.

Esse trecho de uma conferência de Larrosa é emblemático dos nossos dias, da nossa sociedade do conhecimento ou da informação. Duas terminologias que se confundem muitas vezes, mas que também podem circular com conceitos bem diferentes. Vimos, muitas vezes, a sociedade do conhecimento representada como simples sociedade da informação. E não é isso que nos interessa. Em uma sociedade do conhecimento, podemos, por um lado, crer que todos vivam o conhecimento ou, por outro, que as pessoas saibam dele por meio de e como informação. Nunca tivemos tanto conhecimento e nunca tivemos tantas pessoas informadas e informando. Mas a experiência está sendo deixada de lado.

O grande arsenal tecnológico de memorização e registro em vez de tornar as experiências do indivíduo mais plenas, tem esvaziado a experiência, já que todos vivem a experiência do outro, que vive a experiência do outro, que vive a experiência do outro... Quando não tínhamos muito acesso aos registros da história, era como se vivêssemos o acontecimento sempre pela primeira vez. Hoje, parece que tudo foi vivido e está registrado em algum lugar para que possamos seguir um roteiro. Isso é paradoxal.

No entanto, não compactuamos com uma visão pessimista de que tudo está perdido ou de que haja uma previsão extremamente desanimadora para o futuro, mas que, de posse do registro e do conhecimento, podemos formar pessoas em situações de experiências cada vez mais plenas e indivíduos cada vez mais completos. E parece-nos que a escola pode ser um lugar privilegiado para isso. Uma escola dentro de uma sociedade do conhecimento não deve passar informações, isso os alunos já adquirem em vários lugares, mas sim viver a informação, o conhecimento como experiência única, individual e coletiva.

Tendo a experiência como um dos pilares é que essa coleção foi pensada. Como conversar com o professor fazendo-o não ter acesso apenas às informações, mas às formas de experienciar essas informações juntamente com seus alunos? A proposta deste livro é partir de uma reflexão teórica sobre temas atuais nas diversas áreas do ensino, mostrando exemplos, relatos e propondo formas de tornar isso possível em sala de aula. É nesse sentido que vai nossa contribuição. Não mais um livro teórico, não mais um livro didático, mas um livro que fique no espaço intermediário dessas experiências.

Pensando nisso como base e ponto de partida, acreditamos que tal proposta só possa acontecer no espaço do pensamento interdisciplinar e transdisciplinar. Tal exercício é muito difícil, em virtude das condições históricas em que o ensino se enraizou: um modelo racionalista disciplinar em um tempo tido como produtivo. Por isso, nas páginas desta coleção, o professor encontrará uma postura interdisciplinar, em que o tema será tratado pela perspectiva de uma área do conhecimento, mas trazendo para o seu interior pressupostos, conceitos e metodologias de outras áreas. E também encontrará perspectivas transdisciplinares, em que o tema será tratado na sua essência, o que exige ir entre, por meio e além do que a disciplina permite, entendendo a complexidade inerente aos fenômenos da vida e do pensamento.

Sabemos, antes, que um trabalho inter e transdisciplinar não é um roteiro ou um treinamento possível, mas uma postura de indivíduo. Não teremos um trabalho nessa perspectiva, se não tivermos um sujeito inter ou transdisciplinar. Por isso, acima de tudo, isso é uma experiência a ser vivida.

Nossa coleção tem como foco os professores do Ensino Fundamental do Ciclo II. São nove livros das diversas áreas que normalmente concorrem no interior do espaço escolar. Os temas tratados são aqueles chave para o ensino, orientados pelos documentos oficiais dos parâmetros de educação e que estão presentes nas pesquisas de ponta feitas nas grandes universidades. Para compor o grupo de trabalho, convidamos professoras e professores de cursos de pós-graduação, juntamente com seus orientandos e orientandas de doutorado e de mestrado e com larga experiência no ensino regular. Dessa forma, acreditamos ter finalizado um trabalho que pode ser usado como um parâmetro para que o professor leia, possa se orientar, podendo retomá-lo sempre que necessário, juntamente com outros recursos utilizados no seu dia a dia.

Márcio Rogério de Oliveira Cano
Coordenador da coleção

Prefácio

No Brasil, temos, atualmente, um panorama peculiar em relação ao ensino das Ciências Naturais. Por um lado, temos propostas de ensino extremamente interessantes e progressistas, que buscam formar um aluno apto a compreender o mundo que o cerca, a partir de informações selecionadas e processadas por ele, consequentemente capaz também de avaliar situações-problema e de se posicionar frente a elas, atuando criticamente na sociedade em que vive.

Por outro lado, na prática, temos, em muitas escolas, um ensino de Ciências ainda calcado em conteúdos desprovidos de significado, com exigência de memorização excessiva, não possibilitando ao aluno perceber as Ciências como instrumento da análise e da compreensão da realidade social na qual está inserido.

Em vista dessa situação, esse livro busca fornecer alguns elementos para subsidiar o trabalho do professor de Ciências, em direção ao atendimento da formação do cidadão atuante, buscada nas mencionadas propostas curriculares.

Para tal, selecionamos seis temas, presentes na realidade dos estudantes, que julgamos bastante relevantes socialmente, a partir dos quais é possível se tratar uma série de conhecimentos científicos e desenvolver diversas habilidades desejáveis.

Além da inserção social, buscamos temas que permitissem uma abordagem pedagógica condizente com o cognitivismo piagetiano. Para escolhê-los também levamos em consideração a teoria da aprendizagem significativa de Ausubel, sendo assim os temas escolhidos – por seu caráter mais abrangente, inclusivo e com menor necessidade de abstração - funcionam como organizadores prévios para facilitar a dita aprendizagem de determinados conceitos científicos, mais específicos e abstratos. É claro que, sendo uma abordagem cognitivista, também procuramos levar em conta nesta seleção a faixa etária do aluno e o seu provável estágio de desenvolvimento cognitivo.

Assim, cada capítulo além de tratar aspectos teóricos referentes ao tema em questão, também é permeado por uma metodologia baseada nos pressupostos construtivistas, e propõe uma atividade escolar relacionada ao assunto desenvolvido. Essas atividades sugeridas são bastante diversificadas envolvendo: experimentos, debates, jogo, montagem de cartazes, visitas monitoradas, notícias e estudo do meio; de modo a fornecer ao professor um leque de estratégias, que possam ser aproveitadas para muitos outros conteúdos de Ciências. Apesar de diversas, todas as atividades propostas têm em comum o fato de o aluno, obrigatoriamente, ter de ser ativo e reflexivo em sua execução, o que pode contribuir para que ele seja o agente reconstrutor da própria estrutura cognitiva – uma das premissas básicas do construtivismo. Naturalmente, para ser consistente com essa metodologia o professor não deve encarar o aprendiz como um mero receptor de conhecimentos e é fundamental que a sua postura, no direcionamento das atividades, seja a de um orientador em oposição a de um transmissor.

Desse modo, escrevemos os capítulos tentando mesclar o conhecimento científico com a mencionada metodologia, de forma que o professor encontre, no mesmo material, conteúdo científico e possíveis atividades sobre determinados temas, esperando, com isso, auxiliar o seu trabalho no momento da preparação das suas aulas.

Claro que não temos a intenção de fornecer "receitas prontas", mesmo porque achamos que o material pode funcionar muito mais como uma referência e como um provocador para que o professor reelabore as propostas feitas e elabore suas próprias.

Os temas dos capítulos são: água, combustíveis, poluição atmosférica, alimentos, metais e lixo. Para escolhê-los, além de todos os critérios já mencionados, também levamos em conta a possibilidade de desenvolver certos conhecimentos químicos a partir deles. Isso porque os problemas relativos ao ensino de Ciências, citados anteriormente, são agravados quando pensamos especificamente no tratamento dos conhecimentos químicos dentro da disciplina de Ciências, normalmente estudados isoladamente no 9º ano. Esse tratamento, em geral, contempla conteúdos como modelo atômico e tabela periódica, de forma totalmente desvinculada dos fenômenos naturais ou tecnológicos, os quais se tornam, com esse tipo de abordagem, conhecimentos absolutamente sem sentido e inúteis para o alunado. Então, para tentar minimizar este problema, abordamos alguns conteúdos químicos com um enfoque totalmente diferente deste.

Além disso, em geral, a abordagem no ensino de Ciências dos temas selecionados se dá predominantemente por um viés exclusivamente biológico, deixando de lado a perspectiva química. Justamente buscando inovar este enfoque, optamos por destacar os aspectos químicos dos temas. Não queremos, com isso, minimizar a importância dos conhecimentos biológicos, apenas fizemos uma abordagem diferenciada da tradicionalmente usada em Ciências para incrementar o conhecimento do professor. Também acrescentamos, quando cabível, dados atualizados relativos ao assunto em questão, de forma a ressaltar a inserção social do referido tema.

Por fim, não pretendemos, de modo algum, esgotar nenhum dos temas propostos e, como já dissemos, esperamos que este material sirva para auxiliar o professor e para motivá-lo em seu trabalho diário.

Conteúdo

1. ÁGUA: COMO TRATAR DESTE BEM TÃO PRECIOSO? 19
    1.1 Tipos de poluição das águas 20
    1.2 Poluição por esgoto doméstico 22
        Tratamento de água 23
    1.3 Atividade proposta 24
    1.4 Sugestões de leitura e sites 30
    1.5 Bibliografia consultada 31

2. COMBUSTÍVEIS: PRODUTORES DA ENERGIA QUE MOVE O MUNDO 33
    2.1 Combustíveis fósseis e nãofósseis 34
    2.2 Comparação de rendimento entre combustíveis veiculares 37
    2.3 Atividade proposta 38
    2.4 Sugestões de leitura e sites 41
    2.5 Bibliografia consultada 42

3. POLUIÇÃO ATMOSFÉRICA: COMO É O AR QUE RESPIRAMOS? 43
    3.1 Combustão completa x combustão incompleta 46
    3.2 Formação de NO_x e de SO_x 49
    3.3 Problemas ambientais – a intensificação do efeito estufa e a chuva ácida 58 ... 51
        Intensificação do efeito estufa 51
        Chuva ácida 52
    3.4 Atividade proposta 53
    3.5 Sugestões de leitura e sites 57
    3.6 Bibliografia consultada 57

4. ALIMENTOS: ENERGIA PARA A VIDA 59

    4.1 Nutrientes 61

        Carboidratos 61

        Lipídeos 62

        Proteínas 63

        Vitaminas 64

        Sais minerais 67

    4.2 Alimentação balanceada 67

    4.3 Transtornos alimentares 68

    4.4 Atividade proposta 71

    4.5 Sugestões de leitura e sites 75

    4.6 Bibliografia consultada 76

5. METAIS: MATERIAIS VERSÁTEIS E ÚTEIS 79

    5.1 Propriedades dos metais 80

    5.2 Ligas 82

    5.3 Minerais e minérios 83

    5.4 Obtenção e aplicações de alguns metais 84

        Cobre 85

        Ferro 85

        Ouro e mercúrio 87

        Crômio 89

        Alumínio 90

    5.5 Atividade proposta 91

    5.6 Sugestões de leitura e sites 94

6. LIXO: SERÁ O FIM DO QUE NÃO QUEREMOS MAIS? 97

    6.1 Classificação do lixo 101

    6.2 Composição do lixo 104

    6.3 Destinos do lixo 105

        Lixão 105

        Aterro sanitário 106

        Aterro controlado 106

        Incineração 106

        Compostagem 106

        Reciclagem 107

    6.4 Atividade proposta 109

    6.5 Sugestões de leitura e sites 112

    6.6 Bibliografia consultada 112

7. ESTUDO DO MEIO NO ENSINO DE CIÊNCIAS: UMA METODOLOGIA ALTERNATIVA 113
    7.1 Etapas do estudo do meio 115
        Primeira etapa: preparação 115
        Segunda etapa: visita ao local escolhido... 116
        Terceira etapa: organização do material coletado 117
    7.2 Atividade proposta 118
    7.3 Sugestões de leitura e sites 124
    7.4 Bibliografia consultada 124

CONSIDERAÇÕES FINAIS 127
ANEXOS 129

1

Água: como tratar deste bem tão precioso?

Nos últimos anos, a temática da água vem sendo intensamente explorada nas escolas, em virtude de uma série de razões, dentre elas, a sua crescente escassez e má qualidade e a consequente necessidade de se conscientizar a sociedade no sentido da implementação de mudanças nos padrões de consumo desse recurso imprescindível para a manutenção da vida.

O assunto também é muito relevante do ponto de vista formativo, uma vez que, para ser compreendido, necessita do envolvimento de diversas esferas do conhecimento, associadas a perspectivas econômicas, sociais, culturais e políticas; sua abordagem na escola atende perfeitamente aos critérios de seleção de conteúdos explicitados nos PCN de Ciências Naturais (BRASIL, 1998). Critérios esses que sugerem a escolha de conteúdos que favoreçam a construção de uma visão de mundo formada por elementos inter-relacionados, nos quais o ser humano atua como um agente transformador, e que tenham relevância social, cultural e científica, além de serem adequados às possibilidades e necessidades de aprendizagem dos estudantes.

Por isso, estudar adequadamente a temática da água é uma forma muito eficiente e motivadora para se atingir os objetivos: a possibilidade de que o aluno construa essa visão de mundo integrado, compreendendo o papel transformador do ser humano e modificando suas atitudes conscientemente.

> **Aprendizagem significativa:** segundo Ausubel, ocorre quando o aprendiz consegue "ancorar" a nova informação a um conceito ou ideia preexistente na sua estrutura cognitiva ("subsunçor") e, desta forma, atribuir significados a ela. (MOREIRA, 2006)

Pedagogicamente, esse tema também é muito interessante, pois funciona como um excelente contexto e, para alcançar a aprendizagem significativa de determinados conceitos, é fundamental que o conteúdo seja abordado de forma contextualizada, pois o contexto, por ser algo relacionado à vivência do aprendiz, faz a ligação entre as novas informações e as ideias preexistentes na estrutura cognitiva do indivíduo.

Nesse sentido, por ser parte integrante do cotidiano de todos nós, a temática da água funciona como um contexto extremamente frutífero para o ensino de diversos conteúdos em Ciências, tais como: ciclo hidrológico, composição da água, doenças de veiculação hídrica, propriedades físicas e químicas, enchentes, secas, substâncias poluentes, tratamento de água, tratamento de esgotos entre outros.

Aqui, vamos abrir um parênteses para tentar esclarecer um equívoco comum no ensino nos dias de hoje. Algumas escolas têm trabalhado com o ensino por meio de contextos da realidade, porém ficando restritos a eles, sem aprofundar em suas explicações científicas. Isso é um problema sério, pois, embora seja muito desejável (e até fundamental) que a realidade seja o ponto de partida para o ensino de Ciências, não devemos ficar limitados a ela, é preciso que os conhecimentos abstratos sistematizados pela Ciência sejam estudados e devidamente compreendidos, justamente para que se possa entender essa realidade.

> **Poluição:** degradação das características físicas, químicas ou biológicas do ecossistema, que cause ou possa causar prejuízo à saúde, à sobrevivência ou às atividades dos seres humanos e outras espécies, ou ainda deteriorar materiais.

Dentro dessa perspectiva, tomemos como exemplo o problema da poluição das águas, que envolve uma série de conceitos científicos para que seja adequadamente entendido e, consequentemente, para que possam ser propostas soluções.

1.1. TIPOS DE POLUIÇÃO DAS ÁGUAS

Existem vários tipos de substâncias que podem poluir as águas, sendo que as principais ou suas origens estão elencadas na Figura 1.1.

Figura 1.1 – *Esquema que apresenta os principais poluentes da água.*

Falaremos, agora, brevemente, sobre cada um desses poluentes. Os defensivos agrícolas podem poluir as águas de diversas maneiras, entre elas: infiltração no solo contaminando lençóis freáticos, lavagem de lavouras pelas águas das chuvas e escoamento superficial, armazenagem inadequada e despejo inconsequente dos restos desses produtos nos cursos d´água.

Em relação aos efluentes industriais, embora no Brasil exista legislação específica que proíba o seu lançamento sem tratamento apropriado em cursos d´água (BRASIL, 2005), ainda existem indústrias que burlam essas leis. Além disso, também acontecem acidentes envolvendo o despejo inadequado desses efluentes.

O vinhoto, resíduo final do processo de fabricação do açúcar ou da destilação da qual se obtém o etanol, torna-se um importante poluente se for lançado indiscriminadamente em corpos d´água, como ocorre em várias regiões do Brasil, pois possui elevada demanda bioquímica de oxigênio (DBO).

A poluição por petróleo e seus derivados pode ser causada por acidentes, como em janeiro de 2000, quando houve o rompimento de um duto da Petrobrás e 1,3 milhões de litros de óleo combustível contaminaram a Baía da Guanabara. Em julho do mesmo ano, vazaram 4 milhões de litros de petróleo de uma refinaria próxima a Curitiba, poluindo o rio Iguaçu (ISA, 2008). Os petroleiros também sofrem acidentes e lavam seus tanques após serem esvaziados, descartando a água suja de petróleo nos mares! O efeito desse tipo de poluição é extremamente nocivo, uma vez que, além de o petróleo ficar impregnado nas folhas e na pele dos vegetais e animais aquáticos e nas penas das aves atingidas, ele também cria uma película na superfície da água, impedindo as trocas gasosas entre a água e a atmosfera.

Não subestimando os efeitos nocivos dos poluentes comentados até agora, daremos uma ênfase especial à poluição provocada pelo esgoto doméstico, por ser, atualmente, predominante no Brasil. Abordaremos mais demoradamente esse tipo de poluição também por ser o mais presente na vida cotidiana dos alunos, e envolver muitos conhecimentos científicos extremamente interessantes que, via de regra, não são tratados nas escolas. Tipicamente, no ensino de 6º ao 9º ano a abordagem desse assunto é feita de uma forma mais superficial, atendo-se mais a caracterização do problema do que a busca das explicações de ordem científica. Acreditamos que esse tratamento é insatisfatório e que um assunto relevante como esse merece um destaque especial e um estudo mais aprofundado do ponto de vista conceitual. Claro que esse

---

ATENÇÃO

Os defensivos agrícolas também são chamados de agrotóxicos, porque, embora sejam usados para combater as pragas das plantações, o seu uso constante provoca desequilíbrios ecológicos sérios e efeitos extremamente nocivos à saúde dos seres vivos.

ATENÇÃO

Dependendo da região do Brasil, o vinhoto pode receber diferentes nomes, tais como: vinhaça, vinhote, caldas, restilo, tiborna, caxixi ou garapão.

DBO: quantidade de oxigênio dissolvido na água necessária para a decomposição da matéria orgânica, por parte dos microrganismos aeróbios.

aprofundamento deve ser feito progressivamente, ao longo dos anos do ciclo II do ensino fundamental.

Bem, feitas essas ponderações, iniciaremos, a seguir o estudo da referida poluição.

1.2. POLUIÇÃO POR ESGOTO DOMÉSTICO

Já é bastante disseminada a ideia de que a presença de esgoto doméstico a céu aberto provoca inúmeros problemas sanitários para a população, pois as águas contaminadas funcionam como um veículo para a transmissão de várias doenças, como, por exemplo, cólera, disenteria amebiana e esquistossomose.

Soma-se a esses problemas o próprio desequilíbrio causado no corpo receptor do esgoto. O lançamento excessivo de esgoto doméstico – que é composto essencialmente por matéria orgânica – provoca o brusco crescimento da população de microrganismos decompositores aeróbios e, por conseguinte, um aumento extraordinário no consumo do oxigênio dissolvido na água (DBO). Como resultado imediato disso, ocorre uma súbita e intensa diminuição do teor de oxigênio dissolvido na água, que afeta toda a vida aquática dependente de oxigênio, podendo levar a consequências nefastas, como a morte de toneladas de peixes, fato que, infelizmente, já ocorreu diversas vezes em lagoas e represas brasileiras.

Felizmente, justamente por causa do crescimento brutal dos microrganismos aeróbios decompositores, o corpo d´água que recebe os poluentes orgânicos tem uma natural capacidade de autodepuração, voltando a ter suas características originais depois que toda a carga poluidora for decomposta por esses microrganismos. Contudo, essa capacidade tem um limite, e se o rio ou lagoa receber a carga poluidora continuamente torna-se impossível decompor toda a matéria orgânica e os níveis de oxigênio dissolvido ficam constantemente nulos, causando assim a "morte" do rio. Nessa situação, além da vida aquática se extinguir, haverá uma proliferação de microrganismos anaeróbios, que degradam a matéria orgânica liberando substâncias com odores muito desagradáveis. Lamentavelmente, temos vários exemplos no Brasil de rios ou lagoas nessas condições: o rio Guaíba em Porto Alegre, o rio Tietê na RMSP, a Lagoa da Pampulha em Belo Horizonte, entre outros.

Para reverter esse quadro, ou evitar que ele se instale, é necessário que todo o esgoto seja submetido a um tratamento especial antes de ser lançado no corpo hídrico. Esse tratamento é feito

---

Microrganismo aeróbio: microrganismo que utiliza oxigênio em seu metabolismo.

ATENÇÃO

Nessas situações, o teor de oxigênio dissolvido pode chegar a zero.

Autodepuração: capacidade de um corpo hídrico restaurar suas características, devido à decomposição dos poluentes.

Microrganismo anaeróbio: microrganismo que vive na ausência de oxigênio.

ATENÇÃO

Algumas dessas substâncias são mercaptanas e H_2S.

RMSP: Região Metropolitana de São Paulo, que reúne 38 municípios, além da capital paulista, e conta, atualmente, com cerca de 20 milhões de habitantes.

em estações de tratamento de esgotos – as ETEs – e torna a água adequada para retornar ao rio sem poluí-lo totalmente. Para que esse tratamento possa ser realizado, o esgoto, primeiramente, tem de ser coletado em sua origem para, depois, ser encaminhado às ETEs. No Brasil, todo esse processo, envolvendo a coleta e o tratamento de esgotos ainda é muito precário, como podemos observar na Figura 1.2, mostrada a seguir.

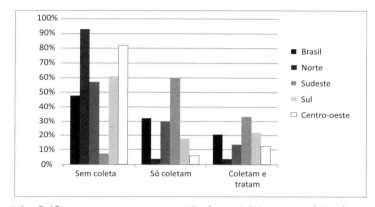

PNSB: Pesquisa Nacional de Saneamento Básico.

Figura 1.2 – *Gráfico que apresenta a proporção de municípios por condição de esgotamento sanitário, no ano 2000, elaborado a partir de dados da PNSB de 2000 (IBGE, 2000).*

Percebemos, pelo gráfico, que a realidade é pior nas regiões mais pobres do País, o que é totalmente esperado, pois a implantação da infraestrutura de coleta e tratamento de esgotos exige investimentos altíssimos.

Tratamento de água

Outra medida de Saneamento básico tão fundamental quanto a coleta e o tratamento de esgotos é o tratamento da água, que tem o objetivo de torná-la adequada ao consumo humano e que é feito em Estações de Tratamento de Água (ETAs). Podemos, então, dizer que o ciclo ideal da água seria o seguinte:

Saneamento básico: conjunto de medidas que trata dos problemas de abastecimento de água, coleta e disposição de esgotos, e coleta, transporte e destino dos resíduos sólidos.

Figura 1.3 – *Ciclo ideal de uso da água*

Se esse ciclo fosse respeitado, o problema da poluição das águas diminuiria consideravelmente.

Ao se abordar a problemática da poluição das águas com os alunos, é muito importante que eles compreendam que essa é uma questão multifacetada, que envolve uma série de fatores e que para resolvê-la, além de serem necessários investimentos governamentais em infraestrutura de Saneamento Básico, a população também precisa fazer sua parte, ligando suas moradias à rede coletora de esgotos e não jogando lixo nas ruas. A título de exemplo, atualmente, cerca de 35% da poluição do rio Tietê na RMSP se deve ao lixo jogado nas ruas pela população!

Acreditamos que as atividades propostas a seguir possam facilitar essa compreensão.

1.3. ATIVIDADE PROPOSTA

a. Atividade

Estudo de soluções para problemas de contaminação e poluição de águas por esgotos: tratamento de água e tratamento de esgotos.

b. Objetivos

- Estudar os efeitos da poluição das águas provocados por esgotos domésticos.
- Conhecer o tratamento de água e de esgoto.
- Entender por que é necessário usar a água racionalmente.

c. Desenvolvimento

1ª ETAPA:

O primeiro momento desse conjunto de atividades consiste na montagem de cartazes, feita por grupos de alunos na sala de aula, contendo fotos, figuras, notícias, palavras e desenhos, relacionados, de alguma forma, ao tema água. Esses cartazes funcionarão como problematizadores, suscitando questionamentos sobre o assunto a partir das situações expostas, que poderão ser melhor entendidas pelos estudantes a partir do estudo que será feito.

Para confeccionar esses cartazes, o professor deve pedir aos alunos que comecem a separar em casa o material necessário com pelo menos um mês de antecedência.

A ocasião da montagem pode ser muito agradável devido ao seu aspecto lúdico. É bastante aconselhável que o professor explore bem esse lado, sugerindo aos alunos que liberem sua criativi-

ATENÇÃO

Esse material pode incluir recortes de jornais, de revistas, notícias na Internet, e quaisquer outros materiais pertinentes ao assunto em questão.

ATENÇÃO

É importante que os alunos tenham tempo suficiente para a confecção dos cartazes, de, pelo menos, 2 a 3 aulas.

dade, fazendo desenhos, colagens, recortes, enfeites, enfim, o que for condizente com cada cartaz. Após o término da montagem, cada grupo faz uma breve apresentação de sua produção para o restante da classe, explicando o que aquelas imagens e textos significaram para eles.

Certamente, os cartazes contemplarão muitos aspectos relativos ao tema e vários deles estarão direta ou indiretamente relacionados à poluição ou à contaminação das águas. Sendo assim, o professor pode selecionar e destacar, dentre as situações apresentadas, as que envolvam problemas de poluição e/ou contaminação das águas, com o intuito de provocar questionamentos dos alunos para serem investigados no decorrer das atividades subsequentes.

2ª ETAPA:

Nessa etapa o professor e os alunos iniciarão a busca por algumas respostas para as questões previamente formuladas. Inicialmente, o professor apresenta algumas informações básicas sobre doenças transmitidas pela água e definição de água contaminada. Em seguida, comenta que a água deve passar por um tratamento específico – feito em uma estação de tratamento de água (ETA)- para ficar adequada ao consumo humano. O professor pede, então, que os alunos façam o experimento descrito adiante, que simula um tratamento de água padrão, envolvendo as etapas mostradas a seguir, no esquema e na figura de uma ETA da Sabesp na cidade de São Paulo.

ATENÇÃO

É altamente recomendável que as questões que surgirem, a partir desse levantamento, sejam organizadas na lousa pelo professor. Exemplos possíveis de questões: O que torna as águas do rio X tão sujas e malcheirosas? É possível tornar as águas do rio X limpas novamente? Como? O que deve ser feito para que as pessoas não fiquem doentes ao tomar determinada água?

ATENÇÃO

Nunca é demais lembrar aos alunos que água visualmente limpa não é sinônimo de água potável!

ATENÇÃO

Após a cloração, a Sabesp adiciona flúor à água, com o objetivo exclusivo de colaborar com a redução da incidência da cárie dentária.

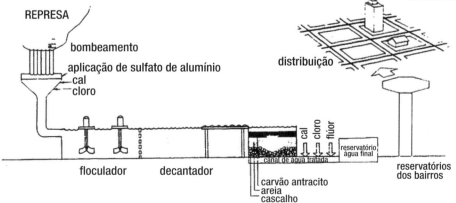

Figura 1.4 – Etapas do tratamento de água.

Figura 1.5 – Estrutura de uma ETA. Fonte: SABESP, 1997.

ROTEIRO EXPERIMENTAL: TRATAMENTO DE ÁGUA

Objetivo
- realizar o tratamento de água, visando torná-la potável.

Procedimento
Inicialmente, deve ser preparada a água bem suja a ser tratada, adicionando-se terra, areia, folhas, gravetos e objetos diversos em um recipiente contendo água de torneira.

1. Peneiração :
   - Coloque aproximadamente 100 mL da água a ser tratada em um béquer de 250 mL.
   - Passe a água por uma peneira pequena de cozinha (de leite, por exemplo), recolhendo-a em outro béquer de 250 mL. Observe o aspecto da água.

2. Pré-cloração:
   - Adicione 8 gotas de solução de hipoclorito de sódio (água sanitária) à água peneirada.
   - Misture com um bastão de vidro e observe se ocorreram mudanças .

3. Floculação e decantação:
   - Adicione à solução anterior, 80 gotas de solução de sulfato de alumínio e misture com a colher.
   - Agite bem a suspensão de hidróxido de cálcio e adicione 35 gotas ao béquer. Misture bem com a colher.
   - Deixe a solução em repouso por alguns minutos. Observe atentamente o que ocorre.

4. Filtração:
   - Despeje, cuidadosamente, a água que estava em repouso no filtro de areia, não deixando cair os resíduos que ficaram no fundo.
   - Recolha a água filtrada em um béquer limpo.
   - Observe o aspecto da água filtrada.

Figura 1.6 – *Esquema para a montagem do filtro de areia. Fonte: GEPEQ, IQ-USP, 1993.*

ATENÇÃO
É muito interessante deixar que os próprios alunos preparem sua água suja, pois eles se entusiasmam e ficam bastante motivados a torná-la limpa.

ATENÇÃO
A peneiração neste experimento corresponde na ETA à retenção de resíduos grandes por meio de gradeamento na chegada da água.

ATENÇÃO
Não ocorrerá nenhuma mudança visível, pois a cloração serve somente para desinfetar a água.

Floculação: aglutinação da sujeira, formando "flocos" maiores e mais pesados, o que provoca a sua decantação.

ATENÇÃO
Nesse momento, haverá a formação dos "flocos" de sujeira e sua decantação.

5. Cloração:
- Adicione 1 gota da solução de hipoclorito de sódio (água sanitária) à água limpa obtida.

Os volumes usados no experimento são aproximados e servem apenas como uma referência, assim, se o professor não dispuser de um laboratório equipado com material apropriado isso não impedirá a realização do trabalho, podendo ser feita a substituição da vidraria e até de alguns reagentes, como sugerido na tabela a seguir.

Substância	Como obtê-la
Hipoclorito de sódio	Água sanitária sem diluir
Hidróxido de cálcio	Cal de construção em água (não dissolve totalmente)
Sulfato de alumínio	Raspar um pouco de pedra pomes dentro de um copo e ir adicionando água até dissolver

Tabela 1.1– Substituições possíveis para o experimento

Após a execução do experimento, o professor discute com os alunos suas observações e propõe que visitem uma ETA. Em geral, é uma visita relativamente fácil de ser implementada, uma vez que algumas empresas de saneamento, como a Sabesp, por exemplo, têm até um programa específico para visitas, que podem inclusive ser agendadas pelo site. Nas cidades atendidas por outra empresa, normalmente também existe a possibilidade de fazer-se a visita, basta entrar em contato.

Em algumas situações de impedimento prático para a realização da visita, como no ensino noturno, é possível mostrar a ETA por meio de um vídeo.

Durante ou após a visita, o professor salienta que a água a ser tratada na ETA não pode estar poluída, porque esse tratamento tem um limite de eficiência e não consegue eliminar esgoto doméstico presente na água, por exemplo. Portanto, a água que vai abastecer a população deve estar em uma represa protegida, que não receba poluentes.

> **ATENÇÃO**
>
> A visita monitorada é um tipo de atividade extraclasse que pode facilitar muito a aprendizagem significativa de determinados conceitos, pelo fato de os alunos vivenciarem e visualizarem a situação em questão, o que torna o objeto do conhecimento muito menos abstrato. Em Ciências existem muitos locais que podem ser visitados com esse intuito. Além de ganhos em aprendizagem, os alunos adoram, e essa atividade ainda fortalece os vínculos entre professor e alunos! Mas devemos lembrar que uma visita como atividade escolar não é simplesmente um "passeio", antes da visita propriamente dita deve ser feita uma preparação com os alunos para o pleno aproveitamento da atividade.

> **ATENÇÃO**
>
> Na seção "Sugestões de leitura e sites", ao final do capítulo, mostramos uma forma de conseguir esse vídeo gratuitamente.

> **ATENÇÃO**
> Também mostramos como consegui-lo na Seção "Sugestões de leitura e sites", ao final do capítulo.

> **ATENÇÃO**
> O objetivo de o aluno conhecer uma ETE não é ele decorar as etapas do tratamento, ou mesmo as entender profundamente, mas fazer com que ele perceba, pelo menos, que esse é um processo bioquímico que requer infraestrutura adequada para tratar grandes quantidades de esgoto.

3ª ETAPA:

Na sequência, o professor retoma, nos cartazes, as ilustrações e textos referentes à poluição por esgotos domésticos, explicando, de preferência sob a forma de exposição dialogada, qual é a sua composição e os seus efeitos sobre os corpos d´água. É conveniente que o professor saliente que toda a água que utilizamos em nossas residências, após o uso, será esgoto doméstico, portanto, se for lançada diretamente em um rio, irá poluí-lo e, para que isso não aconteça, é necessário ser feito um tratamento nesse esgoto em uma ETE. Nesse momento, seria bom levar os alunos para visitar uma ETE, como feito para a ETA, mas nem sempre isso é possível, pois é bem mais difícil marcar as visitas e muitas cidades brasileiras nem sequer têm essa instalação. Nesse caso então pode ser exibido um vídeo sobre o funcionamento da ETE.

4ª ETAPA:

O professor, então, entrega aos alunos a Tabela 1.2 e pede que perguntem aos outros moradores de suas casas como utilizam a água. A partir das respostas obtidas e dos dados da tabela, o professor solicita que os alunos façam um cálculo aproximado do quanto de água seria economizada em uma semana, se todos os moradores adotassem os hábitos mais racionais, listados em itálico na Tabela 2.

Atividade ou equipamento	Consumo de água casa	Consumo de água apartamento
válvula de descarga com tempo de 6 segundos	10 a 14L	SD*
válvula de descarga defeituosa	30L	SD
válvula de descarga com tempo de 3 segundos	6L	SD
banho de ducha por 15 minutos	135L	243L
banho de ducha c/ torneira fechada ao ensaboar	45L	81L
banho de chuveiro elétrico por 15 minutos	45L	144L
banho de chuveiro elétrico c/ torneira fechada ao ensaboar	15L	48L
escovação de dentes c/ torneira pouco aberta por 5 minutos	12L	80L
escovação de dentes c/ a torneira fechada e enxague da boca c/ copo	0,5L	1L
lavagem de louça c/ torneira aberta por 15 minutos	117L	243L
lavagem de louça c/ torneira fechada	20L	SD
lavadora de louça com 44 utensílios e 40 talheres	40L	SD

Atividade ou equipamento	Consumo de água	
	casa	apartamento
lavadora de roupas de 5Kg	135L	SD
tanque com torneira aberta por 15 minutos	279L	SD
lavagem de calçada c/ mangueira por 15 minutos	279L	NSA*
lavagem de carro c/ mangueira por 30 minutos	560L	
lavagem de carro c/ balde	40L	

Tabela 1.2 – *Consumo médio de água. *SD - sem dados *NSA - não se aplica*
Fonte: Tabela elaborada com dados da SABESP.

Finalmente, tendo em vista tudo o que foi estudado, o professor pergunta aos alunos: "Por que é tão importante não desperdiçar água no uso cotidiano?" Espera-se que eles respondam, após todo este trabalho, entre outras coisas, que toda a água usada por nós passou por um tratamento antes do uso e que esse esgoto gerado terá de ser tratado para não poluir os rios, lagos e oceanos. E tudo isso tem um custo econômico, ambiental e social muito elevado.

d. Avaliação

O professor pode avaliar os cartazes confeccionados pelos grupos no início, pedir que os estudantes façam um breve relatório do experimento feito. Também pode pedir que eles elaborem um texto sobre as visitas ou vídeos.

PARA FINALIZAR...

Um tema como a água é muito amplo e permite a abordagem de um enorme leque de conteúdos científicos. Neste capítulo inicial, fizemos um pequeno recorte, abordando aspectos mais relacionados aos tratamentos de água e de esgotos, com o propósito de contribuir para que o aluno se aproprie de alguns conhecimentos que futuramente poderão facilitar o exercício de sua cidadania.

As estratégias escolhidas para o desenvolvimento da atividade buscaram a participação ativa do aluno como uma premissa básica, uma vez que é fundamental que o aprendiz reconstrua ativamente o conhecimento para se alcançar a aprendizagem significativa. A atividade proposta pode ser aplicada em qualquer série do ciclo II, desde que sejam feitas algumas adequações no seu aprofundamento, de acordo com a faixa etária dos alunos.

Dada a riqueza e importância do tema, no capítulo final do livro o retomaremos, abordando outros conteúdos e aplicando outra metodologia bastante diversa.

1.4. SUGESTÕES DE LEITURA E SITES

No site da Sabesp (www.sabesp.com.br) há muito material interessante sobre água, inclusive os vídeos mencionados na Seção1.3, que podem ser baixados gratuitamente no referido site, link Sociedade e Meio ambiente, link educação, videoteca, baixar vídeo, formulário e vídeo "Tratamento de Água e Esgoto". Nesse mesmo link, há outros vídeos interessantes, como o "Água: o desafio do século XXI" (que está dentro do conjunto "Água 4 vídeos"), que apresenta um panorama bem amplo sobre a problemática da água, envolvendo seus mais diversos aspectos.

No mesmo site, merecem destaque quatro animações muito interessantes, três sobre o tratamento de água e de esgoto, respectivamente nas páginas:

<http://site.sabesp.com.br/uploads/file/flash/tratamento_agua.swf>;

<http://site.sabesp.com.br/uploads/file/flash/tratamento_esgoto_liquido.swf>;

<http://site.sabesp.com.br/uploads/file/flash/tratamento_esgoto_solido.swf>

e a quarta que calcula o consumo de água na residência:

<http://www.sabesp.com.br/CalandraWeb/animacoes/index.html>

Para obter conhecimentos mais aprofundados sobre o tema discutido no capítulo, recomendamos também:

BRANCO, S. M. **Água**: origem, uso e preservação. 2. ed. São Paulo: Moderna, 2003.

CAVINATO, V. M. **Saneamento básico**: fonte de saúde e bem-estar. 2. ed. São Paulo: Moderna, 2003.

CLARKE, R.; KING, J. O atlas da água. São Paulo: Publifolha, 2005.

REBOUÇAS, A. C. org. Águas doces no Brasil, 3. ed. São Paulo: Escrituras, 2006.

1.5. BIBLIOGRAFIA CONSULTADA

BRASIL. MMA/CONAMA. Resolução nº 357 de 17/03/2005. Disponível em:<http://www.mma.gov.br/port/conama/res/res05/res35705.pdf. Acesso em: 19 dez. 2010>.

<http://site.sabesp.com.br/site/interna/Default.aspx?secaoId=140> Acesso em: 21 nov. 2010.

BONACELLA, P.H.; MAGOSSI, R.M. **Poluição das águas**. São Paulo: Moderna, 2003.

BRASIL, Secretaria de Educação Fundamental. **Parâmetros curriculares nacionais:** Ciências Naturais. Brasília: MEC/ SEF, 1998.

GEPEQ, IQ-USP. **Experiências de Química**. Apostila elaborada como material do Laboratório Aberto. São Paulo, 1993.

IBGE. **Pesquisa Nacional de Saneamento Básico**: 2000. Rio de Janeiro: IBGE, 2000. Disponível em:<http://www.ibge.gov.br/home/estatistica/populacao/condicaodevida/pnsb/pnsb.pdf>. Acesso em 04 out. 2010.

ISA. **Almanaque Brasil socioambiental**: 2008. São Paulo: ISA, 2008.

MOREIRA, M. A. **A teoria da aprendizagem significativa e sua implementação em sala de aula**. Brasília: Editora da UnB, 2006.

SABESP. Folheto ETA ABV. São Paulo, 1997.

SÃO PAULO. **Proposta curricular do estado de São Paulo**: Ciências. São Paulo: SEE, 2008.

SPERLING, M. V. **Introdução à qualidade das águas e ao tratamento de esgotos**, 2. ed. v.1. Belo Horizonte: Desa, UFMG, 1996.

2
Combustíveis: produtores da energia que move o mundo

Atualmente, a nossa sociedade é completamente dependente de uma infinidade de equipamentos tecnológicos movidos a energia, seja ela elétrica, mecânica ou química. Por isso, os materiais usados como fontes energéticas assumem um papel fundamental, dentre estes destacam-se os combustíveis, importantíssimos geradores de energia.

Devido a essa relevância social, o estudo do tema "combustíveis" pode contribuir significativamente para que o aluno aprimore sua leitura de mundo e interaja melhor com ele, cumprindo o objetivo primordial do ensino de Ciências, que é o de capacitar o indivíduo a analisar situações, com base nos conhecimentos científicos e tecnológicos adquiridos, possibilitando assim o exercício pleno de sua cidadania (BRASIL, 1998).

É claro que de nada adiantaria fazer um estudo dos combustíveis de modo exclusivamente tecnicista, sem explorar os aspectos sociais, ambientais e econômicos inerentes ao assunto – absolutamente fundamentais para a sua plena compreensão e consequente desenvolvimento das competências que facilitem o desenvolvimento da tão almejada postura cidadã. Tendo isso em vista, é bastante frutífero explorar, no ensino de Ciências, por exemplo, as consequências do uso indiscriminado dos combustíveis e as

ATENÇÃO

Lembramos que esses tipos de energia são interconversíveis entre si.

diferenças entre os seus tipos em suas diversas facetas. Esse tipo de discussão se torna ainda mais interessante no Brasil, que é um dos países mais avançados no uso dos combustíveis obtidos a partir de biomassa.

Em suma, é um assunto que, além de obrigatoriamente fazer parte da vida de todos os alunos pode suscitar uma série de questionamentos, por exemplo, relacionados ao uso deste ou daquele combustível veicular, o que é extremamente favorável em termos de aprendizagem, uma vez que, quanto mais envolvido o indivíduo estiver com o objeto do conhecimento, melhor ele o apreende.

Neste capítulo, dissertaremos brevemente sobre alguns combustíveis e apresentaremos uma atividade totalmente baseada na participação dos alunos envolvendo o assunto.

2.1. COMBUSTÍVEIS FÓSSEIS E NÃO FÓSSEIS

Os combustíveis são classificados, conforme a sua origem, em fósseis e nãofósseis. Por serem resultantes de processos físicos e químicos sobre plantas e animais ao longo de milhares de anos, os combustíveis fósseis são considerados recursos naturais não renováveis; e os nãofósseis, que não resultam dessa decomposição prolongada de matéria orgânica, são recursos renováveis.

Atualmente, a maioria dos combustíveis utilizados ainda é de origem fóssil.

O petróleo é um exemplo deste tipo de combustível, que, por ser uma mistura de hidrocarbonetos, nos fornece uma série de compostos usados em nosso cotidiano, como vemos na Figura 2.1.

> **Fósseis:** tipo de combustível que engloba três grandes grupos: o carvão mineral, o petróleo e o gás natural.
>
> **Nãofósseis:** entre esses combustíveis estão o etanol, proveniente da cana-de-açúcar, e o hidrogênio.
>
> **Hidrocarbonetos:** classes de compostos orgânicos constituídos somente por átomos de carbono e hidrogênio.

***Figura 2.1** – Principais derivados do petróleo.*

O petróleo é extraído do subsolo e transportado em oleodutos até as refinarias, nas quais os seus componentes são separados pelo processo de destilação fracionada por faixas de número de carbonos. Na Tabela 2.1, temos as principais frações extraídas do petróleo.

Principais frações	Número de C	Uso principal
gases	1 a 4	combustível
éter de petróleo	5 a 6	solvente
gasolina	6 a 12	combustível
diesel	10 a 18	combustível
querosene	10 a 14	combustível
óleo	12 a 20	combustível
graxas	20 a 36	lubrificante
asfalto e piche	acima de 36	pavimentação

Tabela 2.1 – Principais frações do petróleo

ATENÇÃO
Essa fração é a geradora do GLP (gás liquefeito de petróleo), que é o gás de botijão, usado na cozinha. O GLP é predominantemente uma mistura de propano e butano (3 e 4 carbonos).

Os derivados do petróleo estão muito presentes na vida diária de todos nós, o óleo, por exemplo, pode ser usado como combustível nas caldeiras de usinas termoelétricas. Merecem destaque especial os combustíveis utilizados em veículos automotores, o diesel e a gasolina. Este último é uma mistura de hidrocarbonetos de 6 a 12 carbonos, com predominância de 8 carbonos – os octanos. Quanto maior for a octanagem da gasolina melhor é a sua qualidade.

O gás natural também é um importante combustível fóssil, composto por cerca de 90% de metano, com pequenas quantidades de etano, propano e butano. As reservas de gás natural podem estar próximas ou não de reservas petrolíferas e sua extração é independente da do petróleo. Dentre seus empregos estão o aquecimento das caldeiras de usinas termoelétricas; o uso em residências sob a forma de gás encanado e como combustível para veículos – o GNV. Quando usado para este fim é armazenado e transportado sob alta pressão em cilindros especiais.

Usinas termoelétricas: usinas geradoras de energia elétrica, que usam combustíveis variados para aquecer suas caldeiras.

Octano: nome do hidrocarboneto com 8 carbonos.

Octanagem: proporção de octanos que a gasolina possui em sua mistura.

GNV: gás natural veicular.

Biomassa: todo material de origem biológica. Exemplos: plantas, óleos vegetais, gordura animal, resíduo orgânico.

Biocombustível: nome dado aos combustíveis produzidos a partir de biomassa.

ATENÇÃO
A proporção de 4% de biodiesel é chamada de B4.

ATENÇÃO
O biodiesel puro é chamado de B100.

Outro combustível fóssil é o carvão mineral, encontrado em jazidas em diversas partes do mundo. Resultante da fossilização de restos de plantas terrestres enterrados há cerca de 300 milhões de anos, submetidos a calor e pressão intensos, o carvão mineral é composto principalmente por carbono, com menores porções de oxigênio, enxofre, nitrogênio e silicatos. Seu teor de carbono varia de acordo com o tempo de fossilização, existindo assim três diferentes tipos de carvão: o linhito, com menos de 80% de C, a hulha com cerca de 80% de C e o antracito com mais de 80%. Quanto mais rico em carbono, maior é o seu poder calorífico. Na região Sul do Brasil, são extraídas 10 milhões de toneladas por ano de hulha, usadas em indústrias siderúrgicas e em usinas termoelétricas da própria região. O carvão é o combustível fóssil mais abundante do planeta e é queimado para gerar 62% da eletricidade do mundo. Entretanto, é o mais poluente de todos os combustíveis.

Como exemplos de combustíveis nãofósseis, podemos citar o hidrogênio e os obtidos a partir de biomassa, como o etanol, o biodiesel e o biogás. Nos últimos anos, o uso desses biocombustíveis vem aumentando no Brasil, pois são produzidos a partir de recursos renováveis e menos poluentes que os derivados de petróleo.

No Brasil, com os avanços tecnológicos e o desenvolvimento dos carros "flex", o etanol tem conseguido muito espaço no mercado de combustíveis veiculares. Diversos vegetais podem ser usados como matéria-prima para produzi-lo. Aqui e em outros países da América Latina, assim como na Índia, no Sudeste da Ásia e na África, é usada a cana-de-açúcar; nos Estados Unidos e na China é usado o milho e, na Europa, usa-se a beterraba.

O biodiesel é um biocombustível produzido a partir de óleos vegetais ou gorduras animais, que pode substituir o diesel proveniente do petróleo total ou parcialmente em veículos ou em geradores de eletricidade. No Brasil, são usados, principalmente, os óleos de mamona e de soja, mas muitas outras espécies podem ser utilizadas, tais como a palma do dendê, girassol, babaçu e o amendoim. Por enquanto, em nosso país, o uso do biodiesel está limitado a 4% adicionado ao diesel, mas pesquisas estão em andamento para se alcançar a meta de uso do biodiesel puro em veículos de transporte.

Também é possível obter-se energia a partir do gás gerado na decomposição de resíduo orgânico, cujo principal componente é o metano – nessa situação, chamado de biogás. Hoje, existem, na cidade de São Paulo, duas usinas termoelétricas instaladas nos aterros sanitários Bandeirantes e São João, já fechados, usando esse tipo de combustível. Esse biogás gerado em aterros sanitários não pode ser simplesmente lançado na atmosfera, por isso, ele costuma ser queimado, o que é um problema ambiental e um desperdício, em vista do seu potencial energético. Portanto, o uso desse gás em usinas termoelétricas construídas nos próprios aterros é uma solução extremamente interessante e ambientalmente correta.

Enfim, terminando o nosso preâmbulo, mas sem a pretensão de esgotar o assunto, lembramos que estão em desenvolvimento motores cuja energia é obtida a partir de células de hidrogênio. Esse combustível tem a imensa vantagem de não emitir nenhum gás poluente, pois o produto de sua combustão é somente vapor d'água! Porém, ainda não há tecnologia economicamente viável para a sua implantação.

> **ATENÇÃO**
> Depois do dióxido de carbono, o metano é o principal gás responsável pelo efeito estufa.

2.2. COMPARAÇÃO DE RENDIMENTO ENTRE COMBUSTÍVEIS VEICULARES

Como vimos, nos dias atuais, temos variados combustíveis veiculares e a indústria automobilística já desenvolveu carros capazes de rodar com dois e até quatro combustíveis – os carros flex e tetrafuel. Para escolher o combustível mais vantajoso economicamente é necessário se levar em conta a sua eficiência energética, que se traduz, na prática, no seu rendimento. Já é bastante difundida a informação de que, com um litro de etanol, por exemplo, o veículo anda menos quilômetros que com um litro de gasolina. Essa diferença de rendimento entre os dois combustíveis é explicada pelo fato de cada um possuir um poder calorífico próprio. Na Tabela 2.2, temos o poder calorífico de alguns combustíveis. Quanto maior o poder calorífico de um combustível, maior é o seu rendimento.

> **Carro flex:** roda tanto com etanol como com gasolina. O modelo tetrafuel aceita gasolina com 20% de etanol, gasolina pura, etanol ou GNV.

> **Poder calorífico:** quantidade de calor gerado na queima de 1kg de combustível. Pode ser expressa em kJ/kg (quilojoule por quilograma) ou em kcal/kg (quilocaloria por quilograma) de combustível.

Combustível	Calor produzido na combustão de 1 kg (kcal/kg)
GLP (gás de cozinha)	11.730
Gasolina (sem etanol)	11.220
Diesel	10.730
Gasolina (c/ 20% de etanol)	9.700
Gás natural veicular (GNV)	9.054
Etanol combustível	6.507

Tabela 2.2 – Poder calorífico de alguns combustíveis

> **ATENÇÃO**
>
> *A adição de chumbo-tetra-etila à gasolina poluía a atmosfera com chumbo.*

Observando os valores dados na Tabela 2.2, percebemos que há uma razoável diferença de poder calorífico entre a gasolina e o etanol e que a adição de 20% de etanol feita à gasolina no Brasil resulta em uma significativa perda de eficiência energética (cerca de 13%). Porém, essa perda é amplamente compensada pelo fato de que esse procedimento tornou a gasolina menos poluente, uma vez que o etanol substituiu o chumbo-tetra-etila, que era adicionado à gasolina para funcionar como antidetonante. Além disso, ao contrário da gasolina, o etanol não contém enxofre (S) como impureza, não gerando SO_2, um poluente atmosférico bastante nocivo.

Façamos agora, a título de exemplo, o cálculo que quantifica essa diferença de eficiência entre a gasolina usada no Brasil e o etanol. O poder calorífico do etanol é 6.507 kcal/kg e o da gasolina (c/ 20% de etanol) é 9.700 kcal/kg. Assim, o poder calorífico do etanol é 67% do valor da gasolina.

> **ATENÇÃO**
>
> *Esse valor foi calculado fazendo-se: 6.507/9.700 = 0,670 x 100 = 67%.*

Agora, sabendo essa diferença e o preço dos dois combustíveis, podemos verificar qual deles é mais viável do ponto de vista financeiro.

Supondo que o preço do litro do etanol esteja R$ 1,89 e o da gasolina R$ 2,49, fazemos o cálculo de qual deveria ser o preço do etanol, que rende somente 67% do que rende a gasolina, da seguinte maneira:

2,49 x 0,67 = 1,67

Então, nesse caso, o etanol deveria custar menos que R$ 1,67 para compensar financeiramente. Portanto, como ele custa R$ 1,89, seria melhor usar a gasolina.

Lembramos que essa conclusão foi baseada exclusivamente no parâmetro econômico, sem levar em conta o fator ambiental da poluição do ar, ou as características da matéria-prima do combustível.

2.3. ATIVIDADE PROPOSTA

a. Atividade

Debate sobre os combustíveis veiculares.

b. Objetivos
- Desenvolver habilidades de argumentação e a capacidade de ouvir e respeitar ideias alheias, mesmo que opostas às suas.

- Aplicar conhecimentos teóricos em uma situação prática.

c. Desenvolvimento

1ª ETAPA:

Inicialmente, o professor pede aos alunos, coletivamente, que citem os combustíveis conhecidos por eles, e vai anotando na lousa. Provavelmente surgirão: gás de botijão (GLP), gás encanado (gás natural), carvão vegetal, etanol para limpeza, etanol veicular, gasolina, diesel, biodiesel. Então, o professor, em uma exposição dialogada, comenta quais são os principais usos dos combustíveis mencionados, destacando os que podem ser usados em veículos de transporte. A partir daí, ele divide a classe em pequenos grupos e distribui o etanol, a gasolina e o GNV entre os grupos. Depois dessa distribuição, o professor explica que eles farão um debate cujo objetivo será chegar a um consenso em relação à seguinte questão:

"Qual combustível veicular é melhor: a gasolina, o etanol ou o GNV?"

Embora, em princípio, o objetivo seja chegar a um consenso, para que os alunos possam realmente vivenciar um debate em toda a sua plenitude é necessário que eles tenham posições antagônicas, por isso, cada grupo terá obrigatoriamente de defender o seu combustível, com base nos conhecimentos adquiridos na pesquisa explicitada a seguir, na 2ª etapa do trabalho.

Aliás, a principal intenção dessa atividade é justamente criar um ambiente para que os alunos aprendam a argumentar, (ALTARUGIO et al., 2010) apresentando suas ideias em objeção aos argumentos dos outros grupos, de forma fundamentada em fatos científicos. Essa é uma competência absolutamente fundamental para o exercício da cidadania, e muito difícil de ser desenvolvida, pois muitas pessoas, sobretudo nessa faixa etária, têm a tendência de defender suas posições ideológicas baseadas em "achismos" e não em conhecimentos articulados. O estudante precisa compreender claramente que fatos são diferentes de opiniões, mas que uma opinião bem fundamentada se forma a partir de fatos provenientes de fontes idôneas. Esse tipo de debate também pode contribuir muito para desenvolver a capacidade de ouvir e entender o posicionamento do outro, provocando uma reflexão no indivíduo para rever suas ideias e mudá-las, ou para mantê-las e elaborar contra-argumentos.

ATENÇÃO

Como serão usados apenas três combustíveis, e provavelmente existem mais de três grupos na classe, será necessário que mais de um grupo fique com o mesmo combustível.

ATENÇÃO

Lembramos que a faixa etária em questão é o início da adolescência, fase na qual, por natureza, é muito comum as pessoas terem opiniões muito intensas.

ATENÇÃO

Chamamos de "achismos" opiniões sem embasamento em fatos, às vezes apenas repetições de ideias do senso comum ou de alguém considerado mais culto ou inteligente pelo interlocutor. Podem ser também ideias profundamente arraigadas emocionalmente, mas sem reflexão intelectual.

> **ATENÇÃO**
>
> *É imprescindível que esta etapa seja bem orientada pelo professor, com indicações de bibliografia e acompanhamento do progresso de cada grupo. Salientamos essa importância, por ser muito comum, em escolas, tarefas de pesquisa sem nenhum apoio do professor, o que, na maioria das vezes, acaba resultando em simples cópias de textos consultados, com praticamente nenhuma contribuição para a aprendizagem significativa.*

2ª ETAPA:

Para se preparar para o debate, cada grupo deve fazer uma pesquisa sobre o seu combustível, abordando aspectos como, origem, formas de produção, transporte, fatores econômicos, emissão de poluentes; em livros, jornais, revistas e Internet, com um maior enfoque nas vantagens dele sobre os demais. Essa pesquisa também deve incluir várias entrevistas com conhecidos que possuam ou conheçam veículos movidos ao combustível em questão. Após esse levantamento, o grupo deve redigir um texto próprio, contendo os argumentos preliminares que serão usados para defender o seu combustível durante o debate.

3ª ETAPA:

Quando todos os grupos estiverem devidamente preparados, o professor mediará o debate. As regras para a sua execução devem ser explicadas pelo professor detalhadamente.

Para direcionar a atividade, o professor pode propor questões para os três grupos responderem, por exemplo:

1. Quais são os poluentes que o seu combustível emite?"
2. O seu combustível é obtido a partir de um recurso renovável ou nãorenovável?
3. Por que o seu grupo acha que o seu combustível é melhor que os outros dois?"

Algumas questões podem ser apenas relativas a fatos como a 1 e a 2; e outras, como a 3, podem envolver argumentação. Também deve haver momentos para um grupo perguntar para o outro, o que pode ser muito proveitoso para exercitar ainda mais a expressão oral e as habilidades argumentativas.

> **ATENÇÃO**
>
> *Para responder cada questão devem ser escolhidos sempre alunos diferentes, de forma que o número máximo de alunos de cada grupo fale durante o debate. Essa escolha pode ser feita pelos próprios alunos ou pelo professor.*

Após o término das rodadas de perguntas e respostas, o professor solicita que cada grupo se reúna separadamente para discutir se continua achando que o seu combustível é melhor, ou se mudou de ideia. Nesse momento, também há um exercício argumentativo, pois o grupo terá de chegar a um consenso.

Então, o professor abre a discussão para a classe toda, perguntando qual é a posição de cada grupo, e orienta a discussão coletiva. É muito provável que o consenso da classe toda em relação à escolha do melhor combustível não seja alcançado, porque a escolha do melhor depende dos critérios utilizados para isso. Nesse caso, se o critério for acessibilidade o GNV não será escolhido, se for rendimento o etanol não será, e assim por diante. E é justamente isso que é mais importante: que os alunos concluam, que, como em muitas outras situações da vida, não existe uma solução única e absoluta, e que os problemas têm sempre muitos aspectos a serem levados em conta em uma análise.

d. Avaliação

A avaliação desta atividade pode ser feita por meio da observação da participação do aluno nos grupos e no debate e por meio da entrega do texto que cada grupo escreveu antes do debate. Também pode ser pedido um novo texto, ao final de todo o processo, escrito individualmente.

PARA FINALIZAR...

A temática dos combustíveis é muito atual e tem suscitado muita polêmica, sendo bastante adequada para desenvolver uma atividade como o debate proposto, que envolve diferentes posicionamentos sobre uma mesma questão. Essa estratégia é de uma riqueza ímpar em termos de desenvolvimento de competências, pois envolve habilidades relacionadas ao trabalho em equipe, à expressão oral e escrita do pensamento, à argumentação, à atenção às ideias do outro e à reelaboração das ideias a partir das novas informações.

É claro que esse assunto permite o uso de muitas outras abordagens, diferentes da apresentada e com aprofundamentos diferenciados, de acordo com o nível escolar dos alunos. E a estratégia de debate também pode ser aproveitada em muitos conteúdos de Ciências, e, quando bem implementada, sempre dá resultados muito motivadores.

2.4. SUGESTÕES DE LEITURA E SITES

A PUC/RJ disponibiliza pela Internet diversos vídeos muito bons e interessantes sobre petróleo, gás natural, etanol e biodiesel. Todos eles duram entre 8 e 10 minutos e são acompanhados de um "guia didático do professor", que pode ser baixado em pdf. Estão disponíveis na seguinte página:

<http://web.ccead.puc-rio.br/condigital/video/>, nos links: "Aí tem química" e "Combustíveis".

O site da Petrobras tem algumas informações úteis: <www.petrobras.com.br>.

Para saber mais sobre os combustíveis e a questão energética, sugerimos a leitura de:

CORTEZ, L. A. B. (coord.). **Bioetanol de cana de açúcar**. São Paulo: Edgard Blucher, 2010.

HINRICHS, R. A. KLEINBACH, M.; REIS L. B. **Energia e meio ambiente**. 4. ed. São Paulo: Cengage Learning, 2010.

2.5. BIBLIOGRAFIA CONSULTADA

Rede Nossa São Paulo. Disponível em: <http://www.nossasaopaulo.org.br/portal/node/187> Acesso em: 16 jan. 2011.

Jornal da Ciência – SBPC. Disponível em: <http://www.jornaldaciencia.org.br/Detalhe.jsp?id=47644>. Acesso em: 16 jan. 2011.

Petrobras. Disponível em: <http://www.petrobras.com.br/pt/produtos/para-voce/nas-ruas/>. Acesso em: 15 jan. 2011.

ALTARUGIO, M.H. et al. O debate como estratégia em aulas de Química. **Química Nova na Escola**. v. 32. n. 1, p. 26-30, fevereiro 2010.

BRASIL, Secretaria de Educação Fundamental. **Parâmetros curriculares nacionais**: Ciências Naturais. Brasília: MEC/ SEF, 1998.

MILLER, G. T. **Ciência ambiental**. 11.ed. São Paulo: Cengage Learning, 2006.

PEQUIS. **Química e sociedade**: volume único. São Paulo: Nova Geração, 2005.

3
Poluição atmosférica: como é o ar que respiramos?

No capítulo anterior, já estudamos alguns combustíveis. Agora, estudaremos a poluição atmosférica, uma das piores consequências da queima desses materiais, sejam eles fósseis ou não.

Por fazer parte da vida dos alunos, especialmente dos que vivem em centros urbanos, esse é um problema muito relevante e depende de ações de todos os setores da sociedade, inclusive de cada indivíduo, para que possa ser, senão resolvido, ao menos minimizado. E, é claro que, para que o aluno possa buscar soluções individuais ou coletivas, ou mesmo incorporar atitudes adequadas a isto, é imprescindível que ele conheça o problema. Nesse sentido, entra em cena o ensino de Ciências, justamente para instrumentalizar o estudante com raciocínios e informações científicas de forma a possibilitar a compreensão da questão e atuação consciente na sociedade.

É evidente que o estudo da poluição atmosférica no ciclo II deve ser compatível ao nível cognitivo dos alunos, mas nem por isso, esse estudo deve ficar restrito exclusivamente a aspectos visuais e macroscópicos, como habitualmente tem sido feito no ensino de Ciências. Sugerimos, neste capítulo, um tratamento do tema que envolva também o estudo dos conhecimentos químicos inerentes, porque é impossível compreender realmente essa problemática sem esse tipo de conteúdo.

Poluente atmosférico: segundo a resolução Conama (Conselho Nacional do Meio Ambiente) n°3/1990, é qualquer forma de matéria ou energia com intensidade e em quantidade, concentração, tempo ou características em desacordo com os níveis estabelecidos (valores máximos de emissão, segundo a lei), e que tornem ou possam tornar o ar: impróprio, nocivo ou ofensivo à saúde; inconveniente ao bem-estar público; danoso aos materiais, à fauna e à flora; prejudicial à segurança, ao uso e gozo da propriedade e às atividades normais da comunidade.

O_3: ozônio.

Naturalmente esse tipo de abordagem deve ter um aprofundamento diferenciado entre os quatro anos do ensino fundamental do ciclo II. Para orientar melhor o trabalho do professor, na Seção 3.1, faremos uma série de considerações a respeito do uso das equações químicas ao longo desses quatro anos.

Assim, dentro dessa nossa proposta, o capítulo traz os principais poluentes atmosféricos, suas reações de formação e informações básicas sobre o efeito estufa e a chuva ácida, finalizando com uma série de atividades experimentais ligadas ao tema.

Iniciaremos o estudo pelos poluentes atmosféricos. Eles são classificados em primários e secundários. Poluentes primários são emitidos diretamente pelas respectivas fontes. Exemplos: SO_2, NO_2, CO_2, CO, PTS e MP_{10}, explicados a seguir, na Tabela 3.1. Já os poluentes secundários são formados na atmosfera por reações químicas entre outros poluentes e constituintes naturais da atmosfera. Exemplo: O_3. Embora o ozônio seja um gás muito necessário nas camadas superiores da atmosfera (estratosfera), quando ele se encontra na troposfera, em quantidades acima dos limites máximos, é bastante nocivo à saúde.

Neste capítulo, abordaremos somente os poluentes primários, que são produzidos basicamente por combustão.

Ao apresentar esses poluentes aos alunos, achamos pertinente, já a partir do 7º ano, mostrar a eles suas correspondentes fórmulas químicas. Obviamente, sem que eles tenham de decorá-las.

Poluente	Características	Fontes principais	Principal processo gerador
Dióxido de enxofre – SO_2	Gás incolor, com forte odor.	Indústrias, usinas termoelétricas, veículos automotores, fertilizantes	Combustão
Dióxido de nitrogênio – NO_2	Gás marrom-avermelhado, com odor irritante.	Veículos automotores, indústrias, usinas termoelétricas, fertilizantes, incinerações	Combustão

Poluente	Características	Fontes principais	Principal processo gerador
Dióxido de carbono – CO_2	Gás incolor e inodoro	Veículos automotores, indústrias, usinas termoelétricas, queimadas, queima de palha de cana-de-açúcar	Combustão
Monóxido de carbono – CO	Gás incolor e inodoro	Veículos automotores, indústrias	Combustão
Partículas totais em suspensão (PTS)	Partículas de material sólido ou líquido, de tamanho entre 10 e 50µm, que ficam suspensas no ar, na forma de poeira, fuligem etc.	Indústrias, veículos automotores, poeira de rua, queima de biomassa, construção civil.	Combustão
Partículas inaláveis (MP_{10})	Partículas de material sólido ou líquido, menores que 10µm, que ficam suspensas no ar, na forma de poeira, fumaça, fuligem etc.	Indústrias, veículos automotores.	Combustão
Ozônio – O_3	Gás incolor e inodoro	É produzido fotoquimicamente pela radiação solar sobre os NO_x e compostos orgânicos voláteis.	Reações fotoquímicas

Tabela 3.1 – *Principais poluentes atmosféricos. Obs.: PTS e MP_{10} são chamados genericamente de Material Particulado (MP).*

ATENÇÃO

O CO_2, como um componente natural da atmosfera e como resultado da respiração de seres vivos, não é considerado poluente. Porém, quando sua concentração na atmosfera é aumentada à custa de atividade antrópica, ele passa a ter efeitos nocivos no ambiente.

Micrômetro (µm): medida que corresponde a 10^{-6}m.

ATENÇÃO

Os óxidos de nitrogênio NO, NO_2, N_2O, N_2O_5, são chamados de NO_x.

MP: conjunto de poluentes constituídos de poeiras, fumaças e todo tipo de material sólido e líquido que se mantém suspenso na atmosfera por causa de seu pequeno tamanho.

> **ATENÇÃO**
> As partículas maiores que 10μm ficam retidas nos pelos nasais e não atingem os alvéolos pulmonares.

O material particulado pode reduzir a visibilidade na atmosfera e ter efeitos bastante nocivos à saúde. Quanto menor for o tamanho da sua partícula, maior é o dano. Por exemplo, partículas ultrafinas, como as mostradas na Figura 3.1 podem penetrar facilmente nos nossos alvéolos pulmonares, sendo bastante prejudiciais ao sistema respiratório.

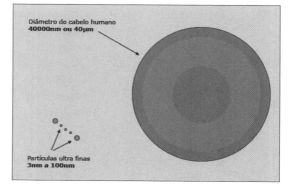

Figura 3.1 - Comparação entre MP_{10} e um fio de cabelo.
Fonte: CCEAD – Puc - Rio, 2011

> **ATENÇÃO**
> A subunidade utilizada nesta figura para as partículas ultrafinas é o nanômetro, que é mil vezes menor que o micrômetro!
> μm (micrômetro) = 10^{-6} m
> nm (nanômetro) = 10^{-9} m

3.1. COMBUSTÃO COMPLETA X COMBUSTÃO INCOMPLETA

Estudaremos agora os processos de combustão completa e incompleta. Para compreendê-los adequadamente é necessário que sejam apresentadas as equações químicas que os representam. Assim como mais adiante, ao abordarmos alguns poluentes e problemas ambientais, também lançaremos mão de outras importantes equações químicas. Em vista dessa importância, acreditamos que as referidas equações devem ser abordadas ao tratar esses conteúdos com os alunos. Contudo, o professor deve atentar para alguns pontos relativos à aprendizagem das citadas equações, sobre os quais comentaremos a seguir.

Devido à faixa etária dos alunos, para o 6º e 7º anos é mais indicado não usar ainda os símbolos químicos nas equações. Isto porque estes símbolos são representações abstratas e, segundo as ideias de Piaget, os estudantes desta idade normalmente ainda não desenvolveram a capacidade cognitiva para abstrair conceitos, portanto, seria muito difícil para eles compreenderem significativamente tais representações. Assim, sugerimos que o fenômeno observado seja explicado com equações químicas escritas por extenso, por exemplo, a queima do butano seria representada da seguinte forma:

butano + oxigênio → gás carbônico + água + energia

Com a respectiva explicação aos alunos do significado dos símbolos + e →, traduzindo a equação para: "butano combinado com oxigênio resulta em gás carbônico, água e energia".

Já os alunos dos 8º e 9º anos, em geral, começam a desenvolver a capacidade de abstração, portanto achamos pertinente, para essas turmas, tratar as equações químicas com os respectivos símbolos químicos. Porém, frisamos veementemente, que essa abordagem deve ser feita obrigatoriamente estudando-se primeiro os fenômenos concretos e depois se introduzindo as equações químicas como forma de representação desses fenômenos. Isso é absolutamente imprescindível para que o estudante possa fazer a conexão entre o observável, o real, o que ele vê e conhece com a representação científica, produzindo assim uma aprendizagem significativa. De toda maneira, o fato de os alunos serem mais velhos não exclui a necessidade de manter a explicação detalhada do significado da equação química, fazendo a sua correspondência entre o português e a linguagem química.

Finalmente, para encerrar estas observações de caráter pedagógico, salientamos que, ao conhecerem – ainda que superficialmente – algumas equações químicas representativas dos fenômenos que estão estudando, os estudantes têm um primeiro contato com a Química, o que é ótimo para que se familiarizem progressivamente com a nova linguagem, própria dessa Ciência. Além do mais, o aprendizado de novas linguagens, sejam elas de qualquer natureza, pode contribuir sobremaneira para o desenvolvimento do raciocínio lógico do indivíduo.

Bem, feitas estas considerações, seguiremos com o estudo das reações de combustão e outros diversos aspectos da poluição atmosférica, devidamente acompanhados de seus correspondentes símbolos e equações químicas.

A combustão é uma reação química na qual o oxigênio, chamado, nesse caso, de comburente, se combina com outra substância, que é o combustível, gerando outros compostos e energia. Já estudamos, no capítulo anterior, alguns dos combustíveis mais comumente utilizados em nossa sociedade.

Como vimos, gasolina, óleo, gás natural e GLP são misturas de hidrocarbonetos; e etanol e biodiesel são compostos de outras funções orgânicas, contendo também oxigênio, além de carbono e hidrogênio.

Função orgânica: conjunto de compostos orgânicos quimicamente semelhantes. Exemplos: hidrocarbonetos, álcool, aldeído, cetona, fenol, amina, éster, éter etc.

Proporção estequiométrica: proporção em massa ou mol entre os reagentes de uma reação química na qual esses reagentes são consumidos totalmente, sem restar nenhum resíduo sem reagir.

Em função dessa composição química, ao serem queimados, esses combustíveis orgânicos reagem com o oxigênio e produzem, necessariamente, novos produtos contendo carbono, oxigênio e hidrogênio recombinados. Os produtos que serão formados dependerão da proporção entre a quantidade de combustível e de oxigênio que reage. Quando essa proporção é estequiométrica são produzidos somente dióxido de carbono, também chamado de gás carbônico (CO_2) e água (H_2O) e a reação é denominada **combustão completa**. Quando a proporção não é estequiométrica, formam-se outros produtos e a reação é chamada de **combustão incompleta**.

Tomemos como exemplo a combustão do butano (C_4H_{10}) que compõe, juntamente com o propano (C_3H_8), o GLP ou "gás de cozinha".

ATENÇÃO
Lê-se 2 para 13.

A proporção estequiométrica entre butano e oxigênio é de 2:13 (ou 1:6,5); assim quando os dois compostos reagem nessas condições ocorre **combustão completa**, como representado na equação química a seguir:

$$2C_4H_{10\,(g)} + 13O_{2\,(g)} \longrightarrow 8CO_{2\,(g)} + 10H_2O_{(g)} + energia$$

Em uma situação de quantidade insuficiente de O_2 presente, ocorrerá a chamada **combustão incompleta**. Por exemplo, com uma proporção butano/oxigênio de 2:9 (ou 1:4,5); monóxido de carbono (CO) pode ser formado juntamente com a H_2O, de acordo com a equação a seguir:

$$2C_4H_{10\,(g)} + 9O_{2\,(g)} \longrightarrow 8CO_{(g)} + 10H_2O_{(g)} + energia$$

Se a quantidade de O_2 for ainda menor, partículas finas de carbono (C), chamadas de fuligem, serão produzidas, segundo a equação:

$$2C_4H_{10\,(g)} + 5O_{2\,(g)} \longrightarrow 8C_{(s)} + 10H_2O_{(g)} + energia$$

Existem, ainda, outras possíveis proporções e produtos para a combustão incompleta de um composto orgânico. Em algumas situações, podem se formar hidrocarbonetos (HC) com um número de carbonos (C) intermediário entre o combustível usado e o CO_2, e outros compostos orgânicos oxigenados, como aldeídos e álcoois. Esses compostos também são poluentes atmosféricos. Nas grandes cidades, a principal fonte dos HC são os veículos automotores, que geram o poluente não só pelo escapamento, mas também por evaporação do combustível no cárter, antes da queima, e durante as operações de transferência do mesmo.

Além de produzir espécies mais poluentes, a combustão incompleta também produz menos energia que a completa, sendo, portanto, muito menos vantajosa. Por isso, os motores automotivos são projetados, buscando-se o máximo de rendimento em combustão completa e, para tal, o sistema de injeção eletrônica tem o objetivo de tornar a proporção entre o combustível e o comburente o mais próxima da estequiométrica possível. Outro equipamento dos carros que atua nesse sentido é o conversor catalítico (catalisador), que transforma o CO e os óxidos de nitrogênio NO_x em CO_2 e N_2, respectivamente. O catalisador é instalado no escapamento do veículo e tem aparência de uma colmeia para proporcionar a maior superfície de contato entre os gases e os metais que o compõem.

3.2. FORMAÇÃO DE NO_x E DE SO_x

Ao se queimar um combustível, além da formação dos compostos já citados, outros também podem ser produzidos, devido à presença de impurezas ou à da própria composição do ar.

Por exemplo, NO e NO_2 podem ser formados porque o O_2 que reage na combustão é fornecido pelo ar e este é composto por 78% de gás nitrogênio (N_2). Assim o N_2 também pode sofrer combustão, segundo as reações:

$$N_{2\,(g)} + O_{2\,(g)} \longrightarrow 2NO_{(g)}$$
$$NO_{(g)} + \tfrac{1}{2} O_{2\,(g)} \longrightarrow NO_{2\,(g)}$$

Também pode haver a formação de SO_2 proveniente da queima de combustíveis de origem fóssil, pois estes contêm impurezas, especialmente o enxofre(S). Essas impurezas são queimadas juntamente com o combustível, gerando, por exemplo, o supracitado SO_2 e cinzas voláteis, que são um tipo de material particulado (MP).

Para ilustrar esse fato, podemos citar o carvão mineral (C), que, frequentemente, apresenta como impureza a pirita: FeS_2. Ao ser queimado, acontecem as seguintes reações:

Reação de interesse:

$$C_{(s)} + O_{2\,(g)} \longrightarrow CO_{2\,(g)} + energia$$

Reação indesejável:

$$3FeS_{2\,(s)} + 8O_{2\,(g)} \longrightarrow Fe_3O_4(cinzas\ voláteis) + 6SO_{2\,(g)}$$

ATENÇÃO

Como a combustão incompleta produz menos energia que a completa, a temperatura que a chama desse tipo de combustão alcança é também menor.

ATENÇÃO

Veremos adiante por que também se forma NO_x no escapamento.

ATENÇÃO

O catalisador é formado por um material cerâmico impregnado com metais nobres como paládio e ródio, responsáveis pela catálise das reações de conversão de CO a CO_2 ou de NO_x a N_2, por exemplo.

ATENÇÃO

O carvão mineral pode ser usado, por exemplo, como combustível, em usinas termoelétricas ou em fornos de usinas siderúrgicas, para a produção de aço.

ATENÇÃO

O Fe_3O_4 sob a forma de cinzas voláteis, é um tipo de material particulado.

ATENÇÃO

A queima do enxofre puro é representada por:
$S + O_2 \rightarrow SO_2$

Como vemos, formaram-se dois compostos indesejáveis e poluentes, o Fe_3O_4 e o SO_2.

Esse é um problema muito comum e grave, pois é praticamente impossível se obter um combustível de origem fóssil 100% puro. O diesel é um exemplo de um combustível com elevados teores de enxofre como impureza e, no seu processo de queima também gera SO_2.

A geração do SO_2 e do NO_2 é especialmente problemática, pois, além desses dois gases serem tóxicos por si só, eles também são precursores da "chuva ácida", que será discutida mais adiante.

Dentre as fontes emissoras desses dois poluentes, destacam-se as indústrias e os veículos automotores. Para ilustrarmos essa distribuição, apresentamos, a seguir, um gráfico (Figura 3.2) elaborado segundo dados do Relatório de Qualidade do Ar da RMSP de 2009 (CETESB, 2009).

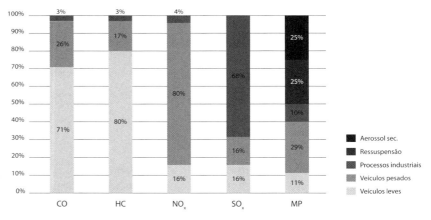

***Figura 3.2**– Gráfico da distribuição de fontes de poluentes na RMSP – 2009.
Fonte: CETESB, 2009.*

Observamos, por esse gráfico, que a geração de SO_x é devida, principalmente, a processos industriais. Isso ocorre porque os combustíveis usados nesses processos são fósseis, portanto, sempre contêm S (enxofre) como impureza. Quanto menor o teor de enxofre no combustível maior é o seu preço, o que, muitas vezes, inviabiliza a compra pelas empresas, que optam por um produto menos puro e, consequentemente, ainda mais poluente.

Em relação à porção proveniente de veículos leves, embora quase 20% do SO_x ainda seja procedente deles, nos últimos anos, essa fração não tem aumentado proporcionalmente com a frota, graças ao incremento no uso dos combustíveis veiculares produzidos a partir de biomassa, que têm a vantagem de não conter enxofre como impureza.

Ainda na Figura 3.2, vemos que as emissões de CO, HC e NO_x na RMSP se devem, quase que totalmente, aos veículos automotores, leves e pesados! É preciso, urgentemente, reformular e melhorar o sistema de transporte coletivo nas grandes cidades para diminuir a poluição atmosférica.

A apresentação desses dados aos alunos pode causar um efeito impactante, uma vez que fica bem claro o quanto os automóveis são poluentes. Essas informações, juntamente com outras atividades, podem ser usadas para desencadear uma reflexão sobre o nosso papel na produção direta da poluição, ao usarmos demasiadamente o carro, e também na sua produção indireta ao comprarmos muitos bens de consumo supérfluos, que ao serem fabricados, geram poluição.

> **ATENÇÃO**
> Para se ter uma ideia, na cidade de São Paulo, em 2007, foram emplacados, diariamente, em média, 870 veículos. Sua frota de veículos tem crescido em ritmo 8 vezes mais rápido do que o crescimento da população.

3.3. PROBLEMAS AMBIENTAIS – *A INTENSIFICAÇÃO DO EFEITO* ESTUFA E A CHUVA ÁCIDA

Intensificação do efeito estufa

Falaremos agora um pouco sobre o famoso e "maldito" efeito estufa!

O efeito estufa consiste, basicamente, na retenção, na atmosfera, de parte da energia irradiada pela superfície da Terra. É um fenômeno essencial para a vida na Terra, sem o qual as temperaturas seriam extremamente baixas. Porém, nos últimos anos, houve um aumento absurdo da concentração na atmosfera dos principais gases capazes de reter essa energia: CO_2, CH_4, CFCs e N_2O. E isso tem provocado um aumento das temperaturas médias do planeta e pode trazer sérias consequências.

> **ATENÇÃO**
> Também chamado, simplificadamente, apenas de "efeito estufa".

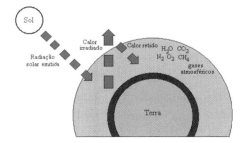

*Figura 3.3–Representação esquemática do efeito estufa.
Fonte: UFRGS – Instituto de Química, 2010.*

Como vemos, na Figura 3.4, o CO_2 e o N_2O contribuem com mais da metade do efeito estufa e já sabemos que eles são gerados pela queima de combustíveis. Mais uma vez, a combustão está envolvida na geração de poluentes.

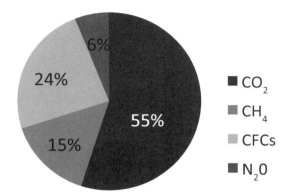

Figura 3.4 – *Gráfico representativo da contribuição de diferentes gases para o efeito estufa*

Chuva ácida

A chuva ácida é outro dos graves problemas ambientais que a combustão provoca. Ela é gerada por reações de SO_x e NO_x com oxigênio e água da atmosfera, produzindo ácido sulfúrico (H_2SO_4) e ácido nítrico (HNO_3), respectivamente. A formação do ácido sulfúrico acontece de acordo com as equações a seguir:

$$SO_2 + 1/2\ O_2 \longrightarrow SO_3$$
$$SO_3 + H_2O \longrightarrow H_2SO_4$$

A água da chuva, normalmente, já é levemente ácida, apresentando um pH de cerca de 5,6. Entretanto, quando há na atmosfera um excesso dos dois óxidos mencionados, ela atinge valores de pH mais baixos, podendo provocar uma série de efeitos nocivos. Dependendo do grau de acidez que for atingido, esses efeitos incluem eliminação da vida aquática em lagos, corrosão de metais, desgaste de monumentos de mármore e contaminação do solo, com a consequente destruição de florestas.

O desgaste de monumentos de mármore acontece porque o ácido sulfúrico transforma o mármore ($CaCO_3$) em um produto menos duro, o sulfato de cálcio ($CaSO_4$), que se desmancha com o passar dos anos, segundo a equação:

---

pH: valor numérico, que define o grau de acidez de um composto. A escala de pH varia de 0 a 14. O valor de pH igual a 7 indica uma substância neutra, superior a 7, uma básica, e inferior a 7, uma ácida. Assim, quanto menor for o valor de pH de uma substância, mais ácida ela é.

ATENÇÃO

O pH da chuva é cerca de 5,6 devido ao CO_2 da atmosfera, que forma o ácido carbônico (H_2CO_3).

ATENÇÃO

Os dois óxidos em questão são o SO_x e NO_x.

$$CaCO_3 + H_2SO_4 \longrightarrow CaSO_4 + H_2O + CO_2$$

Figura 3.5 – *Estátua danificada por causa da chuva ácida.*

3.4. ATIVIDADE PROPOSTA

a. Atividade

Estudo da poluição atmosférica no cotidiano.

b. Objetivos

- Compreender cientificamente situações cotidianas relacionadas à poluição do ar.
- Observar, visualmente, alguns poluentes atmosféricos, assim como os seus efeitos.
- Pensar em mudanças atitudinais que possam minimizar o problema da poluição atmosférica.

c. Desenvolvimento

1ª ETAPA:

Os alunos levam para a classe notícias de jornais, revistas ou da Internet sobre poluição do ar. Então, divididos em pequenos grupos, o professor pede que leiam as notícias e, para cada uma delas, façam uma lista tentando identificar: os poluentes envolvidos e as fontes geradoras da poluição. Então, o professor pede que um aluno de cada grupo vá até a lousa e escreva, sob a forma de itens, o título e o local da notícia, o rol dos poluentes e as fontes. Quando os grupos terminarem, solicita que todos leiam o resultado geral e observem quais são os pontos em comum nas situações elencadas, estimulando-os a dizer em voz alta suas conclusões, e anotando-as na lousa. A lista dos poluentes e fontes comuns, provavelmente, incluirá MP, CO, NO_x, O_x e veículos automotores.

Então, o professor explica aos alunos que eles farão um estudo mais detalhado desses poluentes, começando pela execução de três atividades experimentais envolvendo alguns deles.

> **ATENÇÃO**
>
> *As atividades propostas a seguir devem ser implementadas somente após os alunos já estarem familiarizados com os poluentes atmosféricos e suas fontes geradoras.*

> **ATENÇÃO**
>
> *O professor deve solicitar aos alunos, com antecedência de no mínimo 1 mês, que separem as notícias em casa.*

> **ATENÇÃO**
>
> *É importante que, durante essa etapa, o professor percorra os grupos para auxiliar os alunos, caso seja necessário.*

Cada uma das atividades experimentais descritas a seguir tem seus objetivos específicos, mas cabe ressaltar que as três têm em comum o intuito de possibilitar ao aluno observar, sensorialmente– pela visão ou mesmo pelo olfato –a existência dos poluentes. Assim, os mesmos deixam de ser apenas nomes ou símbolos abstratos e passam a ter um significado concreto para o estudante, o que facilita sobremaneira a aprendizagem, especialmente na faixa etária dos alunos do fundamental II.

> **ATENÇÃO**
> *Caso não haja nenhum carro movido a GNV, o professor pode conversar com algum taxista que utilize esse combustível e pedir que leve o carro até a escola.*

2ª ETAPA:

O professor conversa previamente com os colegas e seleciona alguns carros do estacionamento da escola movidos a combustíveis diferentes para realizar o experimento proposto a seguir.

1º Experimento: **Verificação de gases emitidos pelo escapamento de carros.**

No dia combinado, os alunos e o professor vão até o estacionamento da escola e fazem os testes com os carros pré-selecionados.

Objetivo

- Verificar visualmente a sujeira lançada no ar pelos escapamentos de carros.

Procedimento

- Coloque uma meia branca velha no cano do escapamento de cada carro frio.
- Ligue o carro por cerca de 10 minutos.
- Espere o cano esfriar e retirar a meia.
- Examine as meias, comparando-as. Anote os resultados.

> **ATENÇÃO**
> *Espera-se, nesse experimento, que a quantidade de sujeira acumulada na meia, da mais suja para a menos, esteja nessa sequência: diesel, gasolina, etanol e GNV.*

Após o experimento, o professor e os alunos discutem as possíveis causas das diferenças observadas nas meias, estabelecendo conexões com o que eles já estudaram anteriormente sobre poluição atmosférica e combustíveis veiculares.

2º Experimento: **Visualização de material particulado (MP).**

Objetivo

- Visualizar a quantidade de partículas presentes no ar em diferentes locais.

Procedimento

- Espalhe uma fina camada de vaselina ou óleo de cozinha sobre várias lâminas de vidro transparente (tipo lâmina de microscópio).

- Coloque essas lâminas, a céu aberto, a uma altura de, pelo menos, 1m do solo, em diferentes locais, previamente escolhidos, por cerca de 4h.
- Terminado o tempo de exposição, delimite uma mesma área em cada lâmina e a observe com uma lupa, contando o número de partículas.
- Anote em uma tabela a contagem para cada lâmina.

Após o experimento, o professor e os alunos discutem coletivamente os resultados obtidos e correlacionam a quantidade de MP em cada lâmina com as fontes de poluição presentes no local da exposição.

3º Experimento: **Chuva ácida.**

Objetivo
- Observar um possível efeito do SO_2 sobre o meio ambiente.
- Simular o processo de produção da chuva ácida.

Procedimento
- Monte um esquema como o mostrado na Figura 3.6, seguindo os passos 1 e 2, explicados a seguir.

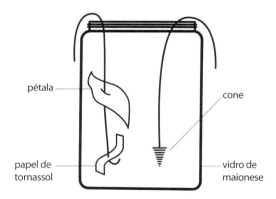

Figura 3.6 – Montagem para o experimento. Fonte: GEPEQ, 1993.

PASSO 1 - Prenda uma pétala de flor em um fio de cobre nº 22. No mesmo fio, prenda um pedacinho de papel de tornassol azul.

PASSO 2 – Coloque enxofre (S) em pó dentro do cone feito com o fio de cobre.

- Fora do frasco, acenda um isqueiro embaixo do cone, iniciando a queima do enxofre.

ATENÇÃO
As lâminas devem ser etiquetadas com a descrição exata do local em que ficarão expostas.

ATENÇÃO
Exemplos de locais que podem ser escolhidos são: o pátio da escola, ruas com variadas intensidades de movimento de veículos, um parque; enfim, locais com diferentes níveis de poluição para possibilitar a comparação.

ATENÇÃO
O professor pode modificar o tempo de exposição, de acordo com a necessidade.

ATENÇÃO
A flor não pode ser amarela. Hibisco, azaleia e rosa vermelha são exemplos de flores que podem ser usadas.

ATENÇÃO
Esse fio de cobre serve apenas como suporte, pode ser um arame fino.

Papel de tornassol azul: papel que muda de cor conforme a acidez do meio. Ele fica vermelho em meio ácido.

ATENÇÃO
Esse cone, que fica parecido com uma "cestinha", serve somente como suporte para o enxofre.

ATENÇÃO
Na Seção 3.2, já discutimos a queima do enxofre, que resulta em SO_2.

> **ATENÇÃO**
> *Será formada uma névoa branca, de odor irritante, que é o SO_2.*

> **ATENÇÃO**
> *A pétala sofrerá descoloração e o papel de tornassol azul ficará vermelho, mostrando que o meio ficou ácido por causa do SO_2.*

> **ATENÇÃO**
> *Essa solução agora é o ácido sulfúrico (H_2SO_4), mencionado na Seção 3.3, e o papel ficará vermelho por ele ser ácido.*

> **ATENÇÃO**
> *Esse teste serve para mostrar que, com a água pura, o papel não muda de cor, em comparação com o teste anterior.*

- Coloque o cone dentro do frasco rapidamente e tampe.
- Observe o que ocorre.
- Aguarde cerca de 10 minutos e observe as alterações ocorridas.
- Retire tudo de dentro do frasco.
- Adicione, imediatamente, cerca de 30mL de água medida em um copo de plástico de café, ao frasco, e tampe-o rapidamente.
- Agite bem o frasco.
- Retire uma amostra do líquido (solução), com um conta-gotas, e pingue 2 gotas sobre uma tira de papel de tornassol azul. Observe a coloração do papel.
- Em outra tira de papel de tornassol azul, pingue 2 gotas de água pura. Observe a coloração do papel.

Depois da execução do experimento, o professor e os alunos discutem o significado científico das observações feitas, embasados no estudo feito anteriormente sobre o assunto. Também devem ser retomados na discussão quais são as fontes geradoras de SO_2.

Provavelmente, os alunos gostarão muito dessa experiência, pois se forma uma névoa muito densa de dióxido de enxofre e a pétala descolore bem rapidamente, o que costuma impressioná-los bastante.

3ª ETAPA:

O professor "costura" todas as atividades feitas, resgatando os conhecimentos assimilados sobre poluentes atmosféricos e pede aos alunos que, em pequenos grupos, pensem em atitudes que cada um poderia adotar, em seu cotidiano, para ajudar a diminuir a geração desse tipo de poluição. Por fim, o professor abre a classe para uma discussão coletiva a respeito das soluções propostas por eles, analisando cada uma.

d. Avaliação

O professor pode avaliar a produção escrita, no trabalho em grupo, sobre as notícias, e pedir algum tipo de relatório dos experimentos. Também pode, é claro, observar a postura do aluno durante todas as etapas, uma vez que será exigida bastante participação de cada um.

> **ATENÇÃO**
> *Além da sugestão clássica de usar menos o carro, é interessante que seja citada a atitude de combate ao consumismo, pois quanto mais consumimos, mais produtos são fabricados e mais poluição é gerada.*

PARA FINALIZAR...

Sabemos que a poluição atmosférica é um problema cada vez mais sério, sobretudo nas grandes cidades. Por isso, sua relevância como tema de estudo em Ciências é indiscutível. Neste capítulo, abordamos uma série de aspectos ligados ao assunto, com especial destaque para os poluentes que, muitas vezes, não são devidamente abordados no ensino fundamental.

Contrariamente ao que é padrão no ensino de Ciências, a nossa proposta de abordagem dá especial atenção às explicações químicas dos fenômenos que geram a referida poluição. Isso porque acreditamos que, para compreender verdadeiramente tais fatos, é obrigatório abordar, ainda que superficialmente, algumas reações químicas. Claro que sem nenhuma exigência de memorização inútil dessas reações, e dentro de uma perspectiva de ensino contextualizada. Assim, o estudante vai, aos poucos, se familiarizando com a linguagem de uma das áreas que compõem as Ciências da Natureza: a Química.

3.5. SUGESTÕES DE LEITURA E SITES

O site da Cetesb tem muitas informações importantes, úteis e atualizadas na página: <http://www.cetesb.sp.gov.br/Ar/ar_saude.asp>.

Há um texto interessante elaborado pela PUC-Rio: "Poluição Atmosférica". Disponível em: <http://web.ccead.puc-rio.br/condigital/mvsl/Sala%20de%20Leitura/conteudos/SL_poluicao_atmosferica.pdf>.

A UFRGs disponibiliza um livro em pdf chamado: **Poluição do ar**, que pode ser muito útil para se obter mais informações sobre o assunto. Está disponível no site: <http://www.iq.ufrgs.br/aeq/html/publicacoes/matdid/livros/pdf/poluicao.pdf>.

3.6. BIBLIOGRAFIA CONSULTADA

BRASIL, Secretaria de Educação Fundamental. **Parâmetros curriculares nacionais:** Ciências Naturais. Brasília: MEC/ SEF, 1998.

BRASIL. Resolução CONAMA nº 003 de 28 de junho de 1990. Disponível em:

<http://www.mma.gov.br/port/conama/res/res90/res0390.html>. Acesso em: 18 out. 2010.

CCEAD – PUC-Rio. Disponível em: <http://web.ccead.puc-rio.br/condigital/mvsl/Sala%20de%20Leitura/conteudos/SL_poluicao_atmosferica.pdf>. Acesso em: 8 jan. 2011.

CETESB. Relatório de qualidade do ar no estado de São Paulo 2008. [recurso eletrônico]. São Paulo: Cetesb, 2009. Disponível em: <http://www.cetesb.sp.gov.br/Ar/publicacoes.asp>. Acesso em: 07 out. 2010.

GEPEQ. **Interações e transformações**: química para o ensino médio – livro do aluno. São Paulo: Edusp, 1993.

LENZI, E.; FAVERO, L. O. B. **Introdução à química da atmosfera:** ciência, vida e sobrevivência. Rio de Janeiro: LTC, 2009.

MORAES, M. A.; LACERDA W. A. **O planeta pede socorro.** Campinas: editora Átomo, 2007.

MURGEL, S. M.; MURGEL, E. **Poluição do ar**, 2. ed. São Paulo: Moderna, 2004.

PEQUIS. **Química e sociedade**: volume único. São Paulo: Nova Geração, 2005.

SÃO PAULO. SMA/CEAM. **Guia de atividades didáticas**: operação rodízio. São Paulo: SMA, 1996.

UFRGS – Instituto de Química. Disponível em: <http://www.iq.ufrgs.br/aeq/html/publicacoes/matdid/livros/pdf/poluicao.pdf. Acesso em 10 dez. 2010.

4
Alimentos: energia para a vida

Trataremos agora do tema alimentação que, mais uma vez, atende parte das premissas básicas dos PCN de Ciências Naturais, na medida em que sua abordagem pode contribuir muito para que o aluno adquira hábitos responsáveis em relação à sua própria saúde. Segundo a OMS, hábitos de alimentação saudável e a adolescência costumam manter-se na vida adulta, contribuindo muito na prevenção de determinadas doenças. (IBGE, 2009).

Pesquisas feitas pelo IBGE apontam que, nos últimos 30 anos, no Brasil, houve uma diminuição da população acima dos 20 anos com déficit de peso (de 9% para 4%), parâmetro que é considerado indicativo de desnutrição. Em contrapartida, no mesmo período, houve um sensível aumento nas parcelas com sobrepeso e com obesidade, passando de 23% em 1975 para 40% em 2002 e de 5% para 11%, respectivamente. As mesmas pesquisas também indicam que houve um aumento no consumo de açúcares livres e gorduras na população em geral, e especialmente entre os adolescentes, o que pode ser um dos vários fatores que contribuiu para o aumento da taxa de sobrepeso relatada (IBGE, 2009).

Em vista da importância tão grande do desenvolvimento de hábitos alimentares saudáveis desde a adolescência, relataremos alguns resultados obtidos na Pesquisa Nacional de Saúde do Es-

ATENÇÃO

Todos os valores percentuais expostos nesse capítulo estão arredondados.

colar (PeNSE) de 2009, realizada pelo IBGE com alunos do 9º ano do ensino fundamental, em todas as capitais brasileiras e no Distrito Federal, em escolas públicas e particulares. A referida pesquisa é bastante ampla, assim apresentaremos os resultados que julgamos pertinentes para subsidiar o trabalho do professor com a temática da alimentação.

> **ATENÇÃO**
>
> *Chamou-se de guloseimas: balas, bombons, chocolates, chicletes, doces ou pirulitos.*

A sistemática da pesquisa usou os alimentos: batata frita, salgados fritos, embutidos, biscoitos doces, biscoitos salgados, guloseimas e refrigerante como marcadores de alimentação não saudável. E como marcadores de alimentação saudável foram usados: feijão, hortaliças cruas e cozidas, frutas frescas e leite. Foi verificada a frequência de consumo de cada um desses alimentos, em sete dias da semana anterior à pesquisa. Chama a atenção o fato de refrigerantes, guloseimas, biscoitos doces e biscoitos salgados terem sido consumidos, por cinco dias ou mais, por 37%, 51%, 36% e 34% dos estudantes, respectivamente. Enquanto a proporção que consumiu hortaliças e frutas frescas com a mesma frequência foi de 31% e 32% apenas, ou seja, o seu consumo foi inferior ao dos quatro alimentos não saudáveis citados! Reforçando ainda mais esse quadro, apenas pequenas parcelas não consumiram refrigerante, guloseimas, biscoitos doces e biscoitos salgados nenhum dia, a saber: 12%, 8%, 15% e 16%. Por outro lado, 21% não consumiram frutas frescas nenhum dia e 27% não consumiram hortaliças no período! Felizmente, 63% consumiram feijão cinco dias ou mais e apenas 8% não consumiram nenhum dia. O leite foi consumido cinco dias ou mais por 54% e não consumido por 21%. Por esses dados, percebe-se claramente o problema do excessivo consumo de açúcares entre os estudantes do 9º ano.

Como já comentamos, esses padrões inadequados de alimentação não só podem trazer problemas de saúde ao presente do indivíduo, como podem vir a se perpetuar na vida adulta. Portanto, é absolutamente essencial que esse assunto seja abordado na escola, sobretudo em Ciências, que tem todo o ferramental para justificar a necessidade de uma alimentação balanceada. É muito importante que essa justificativa científica seja tratada, pois trabalhar apenas com recomendações alimentares estereotipadas pode parecer ao estudante dessa faixa etária apenas mais um conjunto de regras, imposto pela escola e pelos pais.

Assim, para que o aluno possa, de fato, incorporar melhores hábitos alimentares é fundamental que ele compreenda cientificamente porque a alimentação pode influir tanto na sua saúde e, para tal, deve conhecer a composição química dos alimentos. Outra vantagem de usar os alimentos como contexto para uma abordagem de conhecimentos químicos é a possibilidade de contribuir para que os alunos possam iniciar um processo de reformulação da imagem que eles possuem da Química, que, muito provavelmente, é aquela criada pelo senso comum de que ela é somente uma "vilã", destruidora da natureza, responsável apenas por coisas tóxicas e negativas. A referida mudança poderia ser desencadeada pelo fato de os estudantes aprenderem que até os alimentos – absolutamente fundamentais para a nossa vida – são constituídos por substâncias químicas.

Além de possibilitar a abordagem desse tipo de conteúdo, o tema ainda permite uma série de discussões acerca de questões sociais, culturais e econômicas, como, por exemplo, anorexia nervosa, bulimia, obesidade, fome, desnutrição e publicidade de alimentos, que também devem ser tratadas ao se abordar o assunto.

Assim, neste capítulo, contemplaremos alguns aspectos relacionados à composição dos nutrientes e também a algumas dessas questões de cunho social.

> **ATENÇÃO**
>
> Em parte, essa visão simplista e equivocada da Química se deve à crença popular de que substâncias produzidas pela natureza não contêm química, acrescida da grande divulgação pela mídia de acidentes e problemas ambientais com ênfase somente no papel negativo dos compostos químicos.

4.1. NUTRIENTES

Basicamente os alimentos têm em sua composição carboidratos, lipídios, proteínas, vitaminas, sais minerais e fibras. Faremos agora um resumo de suas principais características e funções, lembrando que a aprendizagem deste tipo de conteúdo é muito importante para a formação do aluno, para que ele compreenda realmente porque é tão importante ter uma alimentação balanceada.

Carboidratos

A principal função dos carboidratos é fornecer energia ao corpo. Porém, além dessa, os carboidratos têm também três outras funções metabólicas importantes: ajudam a preservar as proteínas teciduais, contribuem para o metabolismo lipídico e para o bom funcionamento do sistema nervoso central. Na falta da ingestão de quantidades adequadas de carboidrato, qualquer uma destas funções pode ser prejudicada, causando danos ao organismo.

Por causa de sua função principal, os alimentos ricos em carboidratos são classificados como energéticos. A energia encontrada nos alimentos é medida em calorias, portanto os alimentos ricos em carboidratos costumam ser bastante calóricos. A glicose,

> **ATENÇÃO**
>
> Cada unidade de caloria corresponde à energia necessária para elevar a temperatura de 14,5 °C a 15,5 °C de 1 grama de água no nível do mar.

Sacarose: nome da substância que compõe o açúcar comum.

frutose e sacarose são tipos de açúcares desse grupo e conferem sabor doce a vários alimentos.

As plantas verdes produzem glicose por fotossíntese pela reação representada a seguir:

$$6CO_2 + 6H_2O \underset{\textit{metabolismo animal}}{\overset{\textit{luz, clorofila}}{\rightleftarrows}} C_6H_{12}O_6 + 6O_2$$

> **ATENÇÃO**
> *Essa é a fórmula da Glicose.*

A mesma reação ocorre, no sentido inverso, nas células dos animais que, ao consumirem os vegetais, combinam a glicose com o oxigênio obtido do ar, gerando gás carbônico, água e energia. Essa reação é chamada de respiração celular.

O amido, que é a principal fonte de reserva de alguns tecidos vegetais, é outro carboidrato importante, ele é responsável pela cor branca do arroz e da mandioca, por exemplo.

Alguns carboidratos como a celulose e a hemicelulose são fontes de fibras, mas não de energia.

A excessiva ingestão de carboidratos pode provocar problemas de saúde, como obesidade, aumento do colesterol e da taxa de glicose no sangue, levando em casos extremos, ao desenvolvimento de diabetes. Porém, a sua falta também pode gerar sérios problemas, como emagrecimento excessivo, cansaço, irritabilidade, desânimo, fraqueza e até atrofia muscular. Essa perda de massa muscular pode ocorrer porque o corpo armazena carboidratos no sangue, no fígado e nos músculos e em períodos muito longos sem a sua ingestão, o organismo pode precisar utilizar o glicogênio presente nos músculos, atrofiando-os. Felizmente não é muito comum a falta desse nutriente na alimentação, pois ele está presente em alimentos com preços razoavelmente acessíveis às camadas da população de baixa renda, como citaremos a seguir.

> **ATENÇÃO**
> *No sangue é armazenada glicose.*

> **ATENÇÃO**
> *O armazenamento de glicose ocorre sob a forma de glicogênio e é muito maior no fígado, que funciona como um "provedor" de glicose para outros tecidos*

Alimentos feitos com farinha ou com açúcar comum; os cereais (por exemplo, arroz, centeio, aveia, milho e trigo); as leguminosas (ervilha, feijão, lentilha, soja, entre outras); as raízes e tubérculos (como batata, beterraba, cenoura e mandioca); as frutas (abacaxi, banana, mamão, maçã, entre outras) e o mel são ricos em carboidratos.

> **ATENÇÃO**
> *Um exemplo de gordura simples são os triglicerídeos.*

Lipídeos

> **ATENÇÃO**
> *O colesterol é uma gordura derivada.*

Os lipídeos englobam diversos tipos de compostos orgânicos, como as gorduras simples e as derivadas. Os óleos são também um tipo de gordura diferindo somente pelo estado físico: a gordura é sólida e o óleo é líquido.

Os lipídeos, juntamente com as proteínas e carboidratos, formam as principais estruturas das células, portanto são fundamentais para a manutenção da vida.

Os triglicerídeos são o principal componente do tecido adiposo. Esse tecido funciona como um reservatório de energia em situações de falta de alimento, pois 1g de gordura produz 9 kcal de energia, enquanto 1g de carboidrato ou de proteína produz 4 kcal de energia, ou seja, a gordura é um reservatório muito mais eficiente. O problema é que, em pessoas que não sofrem com falta de alimento, esse excesso de gordura resulta em obesidade, com efeitos bastante nocivos à saúde.

Além da função de reserva, as gorduras fazem parte das membranas celulares, da produção de alguns hormônios e atuam como isolantes térmicos. O colesterol, por exemplo, em quantidades adequadas é essencial ao metabolismo humano, pois é precursor de hormônios e é ponto de partida na produção de vários compostos biliares, muito embora seja mais conhecido pelos seus efeitos maléficos à saúde, como a obstrução de artérias.

Como veremos mais adiante, existem vitaminas lipossolúveis e por essa característica as gorduras são responsáveis pelo seu transporte para dentro das células. Elas também contribuem para dar sabor aos alimentos e para a sensação de saciedade após nos alimentarmos.

As gorduras são encontradas em muitos alimentos, como: abacate, azeite, azeitona, amêndoa, amendoim, castanha, coco, noz, óleos, margarina, gema de ovo, leite e derivados, bacon, banha, carne e derivados, toucinho, entre outros. Além de, claro, alimentos que levam ingredientes gordurosos em suas receitas.

Proteínas

Alimentos ricos em proteínas são chamados de construtores, pois as proteínas exercem função estrutural na formação do corpo, como o colágeno e a queratina. Mas as proteínas também têm outras importantes funções além desta, na formação de enzimas, de alguns hormônios (por exemplo, a insulina, os hormônios da tireoide, o glucagon), na produção de anticorpos e no transporte de substâncias no sangue.

As proteínas são macromoléculas formadas necessariamente pela união de moléculas pequenas chamadas aminoácidos. Exis-

ATENÇÃO

O colesterol é um lipídeo do tipo esteroide. Ele pode ser produzido no fígado, principalmente a partir da ingestão de gorduras saturadas (com ligações simples em sua estrutura química).

Vitaminas lipossolúveis: vitaminas que são solúveis em lipídeos.

Colágeno: principal proteína fibrilar, de função estrutural, presente no tecido conjuntivo dos animais.

Queratina: proteína fibrosa e pouco hidrossolúvel, comum na epiderme, constituinte principal do cabelo, das unhas, dos pelos e dos tecidos córneos.

ATENÇÃO

As enzimas catalisam uma série de reações químicas do metabolismo, sem as quais a reação não ocorre.

ATENÇÃO

Por exemplo, a hemoglobina, que transporta o oxigênio e o gás carbônico no sangue, é uma proteína.

tem vinte aminoácidos, encontrados em proteínas alimentares, que, combinados de inúmeras formas entre si, compõem todas as proteínas necessárias ao bom funcionamento do corpo. A maioria dos aminoácidos necessários para formar as proteínas das quais precisamos pode ser sintetizada pelo corpo humano, entretanto nove deles não podem, tendo de ser obrigatoriamente ingeridos pela alimentação, são os aminoácidos essenciais.

Os alimentos de origem animal, como leite e derivados, carnes, peixes e ovos são boa fonte de proteínas completas. Por outro lado, alimentos de origem vegetal não são ricos em proteínas, e, quando as possuem, são incompletas. Acontece que alimentos de origem animal são mais caros, por isso, muitas vezes, é preciso complementar o fornecimento proteico com algum alimento mais barato. Felizmente, há uma fácil solução para isso, já muito usada na alimentação brasileira, que é a mistura de arroz com feijão e um pouco de proteína animal (carne, por exemplo). Essa união combina alguns aminoácidos essenciais que o arroz possui, com outros do feijão e com os da carne, fornecendo proteína de qualidade à alimentação.

Para um adulto médio a quantidade média diária de proteína que deve ser ingerida é 0,8 g por kg de massa corporal. Já uma criança ou adolescente em fase de crescimento pode precisar de até 2 g por kg.

Vitaminas

Embora não forneçam energia e sejam necessárias apenas em mínimas quantidades, as vitaminas são essenciais para o bom funcionamento do organismo. Muitas vezes, isso se deve ao fato de várias delas participarem de processos metabólicos por serem coenzimas. São classificadas em lipossolúveis e hidrossolúveis, quando solúveis em lipídeos e em água, respectivamente. A falta desses micronutrientes pode trazer danos à saúde, mas o seu excesso também – especialmente dos lipossolúveis – por isso não devemos tomar suplementos vitamínicos sem orientação médica.

Como não são sintetizadas pelo corpo humano, precisam necessariamente ser consumidas na alimentação que, para suprir as suas necessidades, precisa ser bem variada, uma vez que não existe um único alimento que contenha todas elas juntas na quantidade adequada. Outro empecilho para se conseguir a concentração apropriada desses nutrientes é o fato de que várias vitaminas podem ser degradadas quando os alimentos que as contêm são cozidos, industrializados ou expostos ao ar ou à luz.

Proteínas completas: proteínas que fornecem todos os aminoácidos essenciais.

Coenzima: molécula não proteica que se associa a uma enzima, sendo indispensável à sua atividade catalítica.

A Tabela 4.1, a seguir, apresenta um resumo dos efeitos no organismo humano da deficiência das vitaminas e também a possibilidade de degradação das mesmas, quando expostas aos fatores mencionados anteriormente. Observamos, por estes dados, que a maioria das vitaminas é instável e sofre considerável perda no cozimento; consequentemente, é importante ingerir certos alimentos crus. Além disso, um suco de laranja, por exemplo, que é rico em vitamina C, deve ser ingerido tão logo seja feito, pois a referida vitamina é oxidada rapidamente por ação do oxigênio do ar e da luz. Essa vitamina, que é o ácido ascórbico, sofre oxidação tão facilmente porque é um poderoso redutor, que é sinônimo de antioxidante, como é muito conhecida nos dias de hoje. Esta é uma boa oportunidade para explicar ao aluno que, quanto mais antioxidante for uma substância mais facilmente ela se oxida, e que o oxigênio é um forte agente oxidante e, por estar presente no ar, oxida os alimentos que têm propriedade antioxidante (redutora).

Pelagra: doença caracterizada por dermatite, distúrbios gastrintestinais e psíquicos, antes associada à carência apenas de niacina, hoje há indicativos de que seja fruto de uma carência mista de niacina, riboflavina e tiamina.

	DDR mg	Estabilidade				Efeitos da deficiência
vitaminas lipossolúveis		ar	luz	calor	perdas no cozimento	
A (retinol)	1	I	I	I	40%	ressecamento da pele, problemas de visão, baixa imunidade
D (calciferol)	0,01	I	I	I	40%	fraqueza óssea, raquitismo
E (tocoferol)	15	I	I	I	55%	ainda não estão esclarecidos em humanos
K (naftoquinona)	0,03	E	I	E	5%	dificuldades na coagulação do sangue.
vitaminas hidrossolúveis						
B1 (tiamina)	1,5	I	E	I	80%	inflamação nervosa, atrofia muscular
B2 (riboflavina)	1,8	E	I	I	75%	lesões na pele, rachadura nos cantos da boca
B3 (niacina)	20	E	E	E	---	pelagra

	DDR mg	Estabilidade				Efeitos da deficiência
B6 (piridoxina)	2	E	I	I	40%	convulsões e paralisia muscular
B12 (cobalamina)	0,003	I	I	E	10%	anemia perniciosa
B9 (ácido fólico)	0,4	I	I	I	100%	anemia, diarreia
B5 (ácido pantotênico)	5	E	E	I	50%	fadiga, insônia, náusea, dificuldade na coordenação motora
H (biotina)	300	E	E	I	60%	dificilmente ocorre deficiência
C (ácido ascórbico)	60	I	I	I	100%	baixa imunidade, fraqueza dos tecidos conjuntivos e capilares, escorbuto

Legenda: **DDR** – Dose diária recomendada – esta dose é um valor médio, considerando-se um adulto com atividades normais.
I – instável E – estável.

Tabela 4.1 – Estabilidade e efeitos da deficiência de vitaminas.
Fonte: parte dos dados apresentados nesta tabela foram extraídos de Ribeiro e Seravalli (2004).

Escorbuto: doença devida à carência de vitamina C, caracterizada por hemorragias, alteração das gengivas e queda da resistência às infecções.

ATENÇÃO

Precursores de vitamina A são substâncias carotenoides chamadas de pró-vitamina A, que são convertidos em retinol na mucosa intestinal.

Ergosterol: substância ($C_{28}H_{44}O$) presente no esporão do trigo e da levedura de cerveja.

A vitamina A ou seus precursores são encontrados em abundância no fígado, cenoura, espinafre, entre outros. Já a vitamina D é pouco encontrada em alimentos, alguns com alguma quantia são gema de ovo, manteiga, queijo. Mas ela é sintetizada pela nossa pele a partir do ergosterol por ação dos raios ultravioleta do sol, por isso é importante para a saúde tomar sol com moderação em horários adequados. A vitamina E é encontrada, por exemplo, em óleos vegetais, germe de trigo, gema de ovo, fígado. A vitamina K está presente em hortaliças e alimentos fermentados e é sintetizada no intestino por bactérias presentes na flora intestinal; por isso, pode ocorrer deficiência dessa vitamina após um tratamento prolongado por antibióticos.

O conjunto de vitaminas do complexo B, que inclui a biotina, está presente em carnes, fígado, cereais integrais, além de cada uma delas também apresentar outras fontes específicas.

A vitamina C pode ser encontrada em muitas frutas, dentre elas caju, laranja, limão, morango e também no brócolis e em diversas hortaliças.

Sais minerais

Assim como as vitaminas, os sais minerais são considerados nutrientes reguladores, pois a maioria deles apresenta esse tipo de função. Além desta, alguns têm função estrutural. Assim, o cálcio e o fósforo formam ossos e dentes e o primeiro também atua na contração muscular e na coagulação do sangue, enquanto o segundo está presente no ADP e ATP e nos ácidos nucleicos. Sódio, potássio e cloro agem no equilíbrio osmótico das membranas das células e são importantes para a condução do impulso nervoso. O ferro forma a hemoglobina. O iodo faz parte dos hormônios da tireoide. Magnésio e Manganês ajudam a regular diversas reações químicas no organismo. O flúor fortalece ossos e dentes e finalmente o cobre auxilia na produção da hemoglobina, na formação da melanina e participa de algumas enzimas.

ATENÇÃO

Os sais minerais em questão são: cálcio (Ca), fósforo (P), sódio (Na), potássio (K), cloro (Cl), ferro (Fe), iodo (I), magnésio (Mg), manganês (Mn), flúor (F) e cobre (Cu).

4.2. ALIMENTAÇÃO BALANCEADA

Em termos de macronutrientes, a OMS recomenda que, em uma alimentação saudável, eles sejam distribuídos da seguinte forma: entre 55% e 75% de carboidratos (glicídeos); entre 10% e 20% de proteínas e entre 15% e 30% de lipídios; sendo que o máximo de quantidade de sacarose sugerida é de 10%. Na Tabela 4.2 temos exemplos de possíveis quantidades diárias necessárias desses macronutrientes, seguindo essas proporções, são para adultos de compleição média. Lembramos que essas quantidades não são fixas, podendo variar dentro da faixa supracitada.

ATENÇÃO

Para obter informações mais específicas sobre as necessidades nutricionais, inclusive para ajudar a montagem do jogo que será sugerido mais adiante, sugerimos que o professor acesse um site indicado na Seção 4.5.

	Homem	Mulher
Proteínas	56g	45g
Lipídios	64g	51g
Glicídios	164g	139g

Tabela 4.2 – Exemplos de quantidades de macronutrientes

Para facilitar a correspondência desta recomendação com os alimentos, foi criada a pirâmide alimentar (Figura 4.1), que permite uma visualização prática da quantidade que precisamos dos alimentos dos diferentes grupos. Os necessários em maior quantidade ficam na base da pirâmide e, a cada degrau, a quantidade necessária diminui.

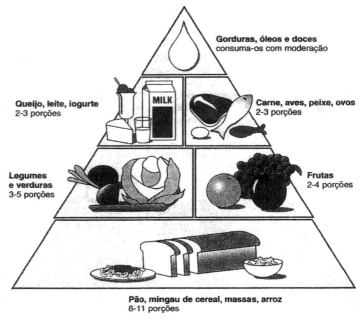

Legenda - Equivalentes das porções: carne ou peixe – 100g; leite – 1 xícara ou 237 mL; queijo – 28g; verduras, legume, frutas e cereais – ½ xícara; pão – 1 fatia.

Figura 4.1 – *Pirâmide alimentar. Fonte: Katch, F. I.e MCardle W. D. (1996) p. 224.*

4.3. TRANSTORNOS ALIMENTARES

A obesidade, considerada uma doença pela OMS, é um dos problemas mais comuns relacionados à alimentação, que pode trazer sérios danos à saúde como doenças cardiovasculares, diabetes, alguns tipos de câncer, além de sensível perda da qualidade de vida. Como já comentamos no início do capítulo, houve um expressivo aumento no Brasil da taxa de pessoas obesas, nos últimos 30 anos. Especificamente na faixa etária dos adolescentes, a PeNSE de 2009 apontou que 16% dos estudantes estavam com sobrepeso e 7% obesos. Esse é um quadro preocupante, uma vez que existem indicativos de que um adolescente com excesso de peso tem maior risco de se tornar um adulto obeso.

É claro que não é apenas uma alimentação inadequada que produz o excesso de peso, pois basicamente a obesidade – na ausência de fatores hormonais ou medicamentosos –advém da ingestão de calorias em quantidade maior que a da energia gasta, portanto conjuga dieta imprópria com inatividade física. Pesquisadores apontam que, atualmente, os adolescentes brasileiros são menos ativos, sobretudo os moradores dos centros urbanos, pois ficam muito tempo em frente da tevê, do computador (Internet), do videogame e não têm muito lazer ativo por falta de local adequado, em função do aumento da frota de veículos e por problemas de violência urbana. Em vista da fundamental importância da atividade física nessa faixa etária, a OMS recomenda que crianças não fiquem mais que duas horas em frente à tevê, computador e videogame diariamente. Infelizmente, os resultados da PeNSE acusaram que 80% dos alunos pesquisados assistiam tevê por duas ou mais horas diárias. E a mesma pesquisa verificou que apenas 43% dos estudantes eram suficientemente ativos fisicamente.

Juntando-se essa crescente inatividade física dos adolescentes ao alto consumo de alimentos não saudáveis, como refrigerantes e guloseimas, temos instalado um quadro de provável piora de saúde populacional para um futuro próximo. E, sem dúvida, o professor de Ciências ao tratar desses assuntos pode contribuir muito para que os alunos possam reorientar seus hábitos, minimizando esse problema.

Em oposição à obesidade, mas não menos graves, estão a anorexia e a bulimia nervosa.

A anorexia nervosa se caracteriza por uma obsessão extrema com o próprio peso e acomete, mais comumente, adolescentes do sexo feminino. O doente faz de tudo para perder peso, mesmo estando já excessivamente magro, às vezes, até esquelético, pois ainda assim se acha gordo em decorrência de sua visão distorcida de si mesmo. Normalmente a pessoa anoréxica tem problemas de autoestima e tende a se isolar da família e dos amigos. Se a pessoa permanecer anoréxica por muito tempo poderá precisar ser internada ou, até mesmo, chega a morrer.

Ao contrário da anorexia, a bulimia nervosa não estampa os sintomas da doença na pessoa que a tem, pois geralmente o doente é magro dentro dos padrões normais. Os bulímicos costumam ser obcecados por comida e depois de se fartarem com uma abundante refeição costumam se sentir culpados e provocam o vômito ou tomam laxantes para se livrarem da comida. Naturalmente este tipo de atitude, com o tempo, pode provocar uma série de problemas, como queda de cabelos, desequilíbrio dos sais minerais do corpo por causa do uso constante de laxantes, dentes deteriorados pelos vômitos, fraqueza, e até a morte.

Tanto a anorexia quanto a bulimia são problemas graves que envolvem sérios fatores psicológicos e são fortemente afetados pela imagem que a sociedade moderna bombardeia nos indivíduos de que é preciso ter um corpo "perfeito" e magro para ter valor. Este tipo de imagem, intensamente veiculado pela mídia, tem um efeito particularmente forte em adolescentes, pois nessa fase da vida é muito comum querer ser aceito pelo grupo e apresentar baixa autoestima, especialmente em relação à própria aparência física.

Para extrapolar o senso comum e corroborar essa ideia de que os adolescentes frequentemente se sentem insatisfeitos com o próprio corpo, e ainda mostrar que disfunções como a bulimia e anorexia não estão tão distantes de nossa realidade escolar, apresentaremos, a seguir, mais alguns resultados da PeNSE sobre a autopercepção dos estudantes em relação à sua imagem corporal.

Do total dos escolares entrevistados, 63% estavam fazendo alguma coisa em relação ao seu peso corporal, fosse para ganhar, manter ou perder peso; entre as meninas, o percentual era de 65% e, desse valor, 33% delas queriam perder peso. Soma-se a isso, o fato de que 36% das adolescentes que se declararam muito gordas, estavam com o peso normal, e mais da metade (51%) das meninas com peso normal, estavam fazendo alguma coisa para perder peso. E finalmente, do total de estudantes, 7% disseram que vomitaram e/ou ingeriram medicamentos ou fórmulas para emagrecer! Esses resultados delineiam um panorama preocupante, a imagem deturpada de si mesmo é até esperada em adolescentes, mas tomar atitudes que podem comprometer a saúde, em função dessas deturpações, é bastante complicado.

Em vista dos fatos apresentados e como no ensino fundamental II trabalhamos justamente com essa faixa etária, concluímos que é muito importante que estes distúrbios sejam discutidos com os alunos, questionando com veemência a validade dos estereótipos de beleza vigentes na nossa sociedade e conduzindo atividades que possam contribuir para a melhoria de sua autoimagem.

ATENÇÃO

Dentro de uma escala de muito magro, magro, normal, gordo, muito gordo.

4.4. ATIVIDADE PROPOSTA

Jogo sobre alimentação

O uso de atividades lúdicas no ensino costuma ser extremamente motivador, pois acrescenta prazer à aprendizagem, suscitando sensações e reações nos sujeitos envolvidos, tais como, competitividade positiva, alegria, interesse e relaxamento. Além disso, em uma perspectiva construtivista de ensino-aprendizagem, o jogo pedagógico apresenta-se como uma valiosa estratégia, uma vez que os jogadores-aprendizes têm de assumir obrigatoriamente um papel cognitivamente ativo durante sua execução, o que pode facilitar muito a aprendizagem significativa.

Embora possa parecer óbvio, é conveniente ressaltar que um jogo de natureza puramente lúdica é diferente de um de caráter pedagógico. De maneira alguma estamos dizendo que o jogo pedagógico "vale" mais que o lúdico, apenas que seus usos e intuitos são diferentes, sem dúvida, os dois tipos são muito importantes na formação do indivíduo. O jogo lúdico tem um fim por si só, ou seja, o objetivo do jogador é simplesmente jogar, necessariamente nada mais. Já o jogo pedagógico – que contém intrinsecamente elementos lúdicos em sua estrutura – é elaborado especificamente para propiciar a aprendizagem de determinados conceitos. O bom jogo pedagógico deve apresentar, de forma equilibrada, a função educativa aliada à lúdica.

Esse tipo de estratégia também pode auxiliar muito o desenvolvimento de habilidades operatórias como a interpretação, dedução, análise e transferência de conceitos, entre muitas outras.

Por todas estas características positivas sugerimos, a seguir, um jogo pedagógico como atividade para o assunto de alimentos, mas com um diferencial: em vez de o professor levar o jogo pronto para os alunos, eles próprios – em grupos – irão montá-lo antes de jogar. Tal prática tem como objetivos principais proporcionar ao aluno um momento muito frutífero na aplicação dos conhecimentos assimilados sobre o assunto e permitir ao aluno vivenciar uma experiência colaborativa por excelência, e perceber, assim, como pode ser produtivo e agradável trabalhar com o outro.

A essência de uma atividade de natureza colaborativa pode contribuir muito para o aprimoramento de habilidades interpessoais, pois os alunos terão de se unir em torno da montagem do jogo, ajudando-se mutuamente para conseguir cumprir a tarefa. Para isso, obrigatoriamente, terão de se dedicar individualmente ao trabalho, ouvir as ideias dos colegas e compartilhar as próprias.

ATENÇÃO

Lembramos que um dos pilares básicos de uma metodologia construtivista de ensino é a participação cognitivamente ativa do aprendiz no processo de ensino-aprendizagem.

Habilidade operatória: aptidão ou capacidade cognitiva específica, que possibilita a compreensão e a intervenção do indivíduo nos eventos sociais e culturais e que o ajude a construir conexões. (ANTUNES, 2001, p.38)

É claro que o papel do professor é fundamental nesse processo, inicialmente na proposição da atividade, momento que provavelmente demandará um tempo razoável, pois os alunos têm de entendê-la claramente. E, durante a execução do trabalho, o professor deve, de tempos em tempos, passar pelos grupos observando o desenrolar da montagem, intervindo se julgar necessário.

Bem, posto tudo isso, vamos descrever a seguir como o referido jogo deve ser montado, e depois jogado, é claro.

a. Atividade

Montagem e execução de jogo.

b. Objetivos

- Promover a integração dos alunos por meio da confecção de um jogo.
- Aplicar os conhecimentos adquiridos sobre os nutrientes dos alimentos.

c. Desenvolvimento

1ª ETAPA:

Primeiramente, o professor explica aos alunos qual será a estrutura do "jogo da alimentação", que eles montarão em grupos de quatro pessoas.

Estrutura do jogo

1. Cartões com alimentos e composição nutricional (CA)
2. Cartões com pessoas de idades e estilos de vida variados (CP)
3. Cartões com as necessidades nutricionais dessas pessoas (CN)
4. Fichas, botões, grãos, notas, quaisquer objetos para representarem dinheiro.

Os cartões dos alimentos (CA) deverão ser pequenos, com cerca de 8 x 6 cm, e conter na frente o desenho do alimento e no verso sua informação nutricional, como no exemplo abaixo:

ATENÇÃO

As informações nutricionais para a montagem dos CAs podem ser obtidas com facilidade na Tabela Brasileira de Composição de Alimentos (Taco) no site indicado na Seção 4.5.

1 fatia de queijo minas (20g)	
energia (kcal)	46
proteína (g)	3,5
lipídio (g)	5
carboidrato (g)	0,5
fibra (g)	0

1 fatia de queijo minas (20g)	
Ca (mg)	21
P (mg)	36,8
Fe (g)	0,1
vitamina A	48
vitamina B	0,3
vitamina C	0

O ideal é que eles confeccionem o número máximo possível de cartões com alimentos diferentes. Essa quantidade pode ser definida no início pelo professor. Alguns cartões com alimentos muito importantes (como feijão, por exemplo) devem ser repetidos. Cada CA receberá uma etiqueta com um preço, que será atribuído de acordo com valores de mercado.

Os cartões com pessoas deverão conter uma breve descrição do seu biotipo e do seu estilo de vida para que seja possível definir as suas necessidades nutricionais. Por exemplo:

Cartão 1 – Descrição da pessoa (CP)

PESSOA A - Sandro

Sandro tem 14 anos e está em fase de crescimento. Ele tem altura e peso normais para a sua idade e realiza atividades comuns de um estudante do 9º ano.

Podem ser usados como tipos humanos: uma pessoa muito magra que deseja engordar, um adolescente que pratica muitos esportes, um adulto que seja atleta, um adulto sedentário, um idoso que não pratica esportes, uma criança, uma mulher grávida, um homem acima do peso que precisa emagrecer, entre outras muitas possibilidades. Se for possível, seria interessante que o professor desse um exemplo do Cartão 1 e os próprios alunos sugerissem os tipos para o seu jogo, que devem ser oito para cada grupo de quatro alunos.

O cartão com as necessidades nutricionais deve conter quantidades aceitáveis de calorias e de alguns nutrientes que aquele tipo de pessoa deve ingerir para atender às suas necessidades. A seguir segue um exemplo para o cartão da pessoa A, no qual foram es-

> **ATENÇÃO**
>
> *Para facilitar a montagem desses cartões colocamos algumas tabelas contendo dados úteis nos Anexos, ao final do livro.*

colhidos três tipos de nutrientes. Os nutrientes escolhidos podem variar de acordo com o tipo da pessoa.

Cartão 2 – Necessidades nutricionais (CN)

PESSOA A – Sandro		
	Valores aceitáveis	Pontos
Energia (kcal)	entre 2500 e 3100	40
Carboidratos (g)	entre 390 e 420	20
Proteínas (g)	entre 58 e 105	20
Lipídios (g)	entre 100 e 110	20
Se você incluiu pelo menos 3g de fibras tem direito a um bônus.		10
Se você escolheu muitos alimentos gordurosos ou condimentados, deve pagar uma multa.		-10

Toda a montagem do jogo ficará a cargo dos alunos, inclusive a confecção dos cartões, que podem ser escritos à mão em papel de gramatura alta para facilitar o posterior manuseio. O desenho do alimento no CA também será feito e colorido pelos estudantes. Essa parte menos intelectual da montagem normalmente é um momento muito descontraído e alegre e os alunos devem ser incentivados a aproveitá-la bem e liberar a criatividade ao máximo.

2ª ETAPA:

Quando todo o material estiver pronto, eles irão jogá-lo. Sugerimos uma forma possível, mas é claro que o professor e os alunos podem modificar as regras, de acordo com o que acharem mais conveniente. Inicialmente, cada jogador retira um CP e o CN correspondente e recebe uma quantia em dinheiro. O seu objetivo será alimentar adequadamente a pessoa por um dia, com o dinheiro que possui. Todos os cartões com alimentos são expostos no centro da mesa. A cada rodada, o aluno pode comprar dois CAs e retirá-los do centro da mesa. É permitido que um aluno venda ao outro o alimento que comprou, pelo mesmo preço da etiqueta. O jogo terminará após um número de rodadas predefinido. Então, cada jogador faz a contagem dos pontos e vence o que possuir maior pontuação.

d. Avaliação

O professor pode observar o comportamento dos alunos durante a montagem, avaliando a sua dedicação e interesse. Também pode pedir um texto individual, com um relato da experiência.

PARA FINALIZAR...

Para o indivíduo, é essencial ter a compreensão das relações de causa e efeito entre seus hábitos de vida e sua saúde, hoje e no futuro próximo. Nesse sentido, o estudo do tema proposto é bastante rico porque é indiscutível a relação entre uma alimentação adequada e uma boa qualidade de vida. Ademais, o assunto envolve também aspectos socioculturais de suma importância na sociedade brasileira de hoje, como obesidade, sedentarismo, anorexia nervosa e bulimia.

Os alunos do ensino fundamental II estão em uma fase da vida especialmente suscetível aos apelos da mídia e dos próprios colegas, o que os torna muito vulneráveis a tomar atitudes maléficas à própria saúde.

Mais uma vez, a escola e, especialmente, a disciplina Ciências podem contribuir muito para que o estudante compreenda de fato porque certas escolhas alimentares e de estilo de vida são benéficas, a partir do estudo científico dos nutrientes e de reflexões críticas acerca dos padrões de beleza vigentes na mídia atual.

Por fim, claro que a nossa proposta não é a de transformar os alunos em "maníacos" por saúde, contando todos os nutrientes de uma refeição, pois afinal de contas, o prazer também é um componente fundamental e sadio da nossa alimentação. Busquemos, então, o equilíbrio entre saúde e prazer!

4.5. SUGESTÕES DE LEITURA E SITES

Para se aprofundar no assunto, sugerimos a leitura do livro:

COZZOLINO, S. M. F.; FRANCO, B. D. G.M. **Segurança e alimento**. São Paulo: Editora Blucher, 2010.

ATENÇÃO
Esse material recebe a denominação de Taco.

Existe um material de excelente qualidade, elaborado pela Unicamp, que traz diversas tabelas de composição nutricional de alimentos brasileiros, disponível para download no site:

<http://www.unicamp.br/nepa/taco/contar/taco_versao2.pdf>.

O site <http://nutricao.saude.gov.br/> da Pnan, que faz parte

Pnan: sigla para Política Nacional de Alimentação e Nutrição.

do Ministério da Saúde, é muito interessante e tem várias ferramentas muito úteis para o professor e os alunos, como um teste ("Como está a sua alimentação?") on-line que fornece resultado imediato, no link:

<http://nutricao.saude.gov.br/teste_alimentacao.php>.

e uma calculadora de "gasto de energia total em atividades específicas" bem interessante no link:

<http://nutricao.saude.gov.br/gasto_calorico.php>.

Vale a pena acessar!

Para obter valores específicos de necessidades nutricionais, pode-se consultar o site a seguir:

<http://pt.scribd.com/doc/38140470/Tabela-de-Recomendacoes-Nutricionais-Diarias>.

4.6. BIBLIOGRAFIA CONSULTADA

ANTUNES, C. **Jogos para a estimulação das múltiplas inteligências**. 9 ed. Petrópolis: Vozes, 2001.

BRASIL, Secretaria de Educação Fundamental. **Parâmetros curriculares nacionais**: Ciências Naturais. Brasília: MEC/ SEF, 1998.

DEVLIN, T. M. **Manual de bioquímica com correlações clínicas**. São Paulo: Edgard Blücher, 2007.

GEWANDSZNAJDER, F. **Nutrição**, 13. ed. São Paulo: Ática, 2004.

IBGE. **Pesquisa Nacional de Saúde do Escolar - 2009**. Rio de Janeiro: IBGE, 2009. Disponível em:

<http://www.ibge.gov.br/home/estatistica/populacao/pense/pense.pdf>. Acesso em: 19 fev. 2011.

IBGE. **Pesquisa Nacional de Saúde do Escolar** - Avaliação do estado nutricional dos escolares do 9º ano do ensino fundamental - 2009. Rio de Janeiro: IBGE, 2009. Disponível em:

<http://www.ibge.gov.br/home/estatistica/populacao/pense_avaliacao_nutricional_2009/pense_avaliacao_nutricional_2009.pdf>. Acesso em: 19 fev. 2011.

KATCH, F. I.; MCARDLE W. D. **Nutrição, exercício e saúde**, 4. ed. Rio de Janeiro: Medsi, 1996.

LOGUERCIO, R. Q. et al. **Reinventando a Ciência de 8ª série**. Porto Alegre: editora da UFRGS, 2007.

MCARDLE, W. D.; KATCH, F. I.; KATCH, V. L. **Fisiologia do exercício**: energia, nutrição e desempenho humano, 4. ed. Rio de Janeiro: Guanabara Koogan, 1998.

PEQUIS. **Química e sociedade**: volume único. São Paulo: Nova Geração, 2005.

RIBEIRO, E. P.; SERAVALLI, E. A. G. **Química de alimentos**. São Paulo: Edgard Blücher–Instituto Mauá de Tecnologia, 2004.

SHARKEY, B. J. **Condicionamento físico e saúde**. 5. ed. Porto Alegre: ArtMed, 2006.

5

Metais: materiais versáteis e úteis

Os metais e suas ligas estão presentes em nossa vida cotidiana nos mais diversos setores: metalurgia, construção civil, medicina, odontologia, indústria química, aeronáutica, automobilística, eletrônica, de telecomunicações e de eletrodomésticos, entre outros. Mesmo com o uso crescente de plásticos, ainda há uma série de utilizações nas quais o metal é insubstituível. Enfim, seria quase impossível viver na sociedade atual sem o uso desses materiais.

Dada essa presença marcante na vida diária, o tratamento desse tema funciona como um excelente contexto para se explorar conhecimentos científicos como: propriedades específicas dos materiais, formação de ligas, oxidação e processos de obtenção de metais; na medida em que possibilita facilmente que se faça uma ponte entre o saber cotidiano dos alunos e as explicações científicas a serem elaboradas.

ATENÇÃO

Por exemplo, densidade e ponto de fusão.

Os estudantes do fundamental II vivem imersos em uma sociedade tecnológica, rodeados por uma infinidade de equipamentos que utilizam diversos metais em seus componentes. Estes podem, então, ser usados como ponto de partida para a construção dos conceitos científicos mencionados aqui.

Ademais, o tema também engloba aspectos relacionados a questões ambientais e econômicas, uma vez que a exploração indiscriminada de jazidas minerais e o descarte inadequado de certos metais podem trazer sérios problemas à natureza e as decisões referentes a esse aspecto, necessariamente, passam por questões financeiras.

Por tudo isso, consideramos que esse tema permite a aplicação de estratégias metodologicamente adequadas para o desenvolvimento da almejada aprendizagem significativa.

5.1. PROPRIEDADES DOS METAIS

O uso de determinado metal para um fim particular está necessariamente condicionado às suas propriedades específicas. Na verdade, esta é uma ideia válida para o uso de qualquer material. Por isso, é muito importante que os alunos compreendam bem o conceito de propriedade específica, que, nesse momento, servirá como explicação para os usos e processos de obtenção dos metais, e posteriormente para estudos de outros tipos de materiais.

É claro que, no caso de existir mais de um metal com as características adequadas ao uso requerido, outros fatores também serão levados em conta para a escolha, como a disponibilidade e o custo.

Abordaremos, a seguir, algumas delas: cor, brilho, densidade, ponto de fusão e condutibilidade elétrica.

Todo metal apresenta brilho e cor, por exemplo, o chumbo é cinza e o cobre é avermelhado. O brilho apresenta intensidades variadas, o ouro e a prata são bastante brilhantes.

Densidade é uma propriedade que relaciona determinada massa de um material com o volume que ocupa. Temos uma tendência natural de dizer que o chumbo é mais pesado que o alumínio, por exemplo. Porém, essa é uma afirmação equivocada, pois se compararmos 100kg de alumínio com 1kg de chumbo, naturalmente o alumínio será mais pesado. Nesse caso, não levamos em conta o volume ocupado por esses materiais individualmente, pensamos somente na massa. O correto é dizer que o chumbo é mais denso que o alumínio, porque se compararmos dois cubos de mesmo volume dos dois metais certamente o chumbo terá maior massa.

Pode ser muito útil conhecer essa propriedade, quando leveza é necessária na fabricação de alguns objetos, como, por exemplo, na fabricação de aviões, na qual se usa uma liga chamada duralumínio, que tem densidade baixa, próxima à do alumínio, que é 2,6 g/cm^3, como vemos na Tabela 5.1.

Duralumínio: liga composta por 94,6% de alumínio, 4% de cobre, 0,8% de magnésio e 0,6% de manganês.

O valor da densidade é calculado pela fórmula: d = m/V. Mas, aconselhamos enfaticamente que, ao se tratar esse conceito com os alunos do fundamental II, essa fórmula não seja apresentada logo no início, isso porque, muitas vezes, o estudante simplesmente decora a fórmula sem entender o que ela representa. Sugerimos, então, que primeiramente a densidade seja tratada de forma conceitual e, somente depois, seja introduzida a respectiva fórmula.

Entretanto, o entendimento desse conceito não é trivial para alunos da faixa etária entre 11 e 12 anos, pois demanda a capacidade de isolar variáveis, que costuma não estar ainda desenvolvida em estudantes dessa idade. Uma forma de contornar este problema é abordar o assunto usando explicações ou atividades nas quais o referido isolamento de variáveis já esteja preestabelecido, de forma a orientar o raciocínio do aluno na direção desejada.

Isolamento de variável: tipo de raciocínio feito quando se tem um problema com mais de uma variável envolvida e precisa-se saber como uma delas se comporta, para isso você mantém as demais constantes. Por exemplo, a densidade envolve as variáveis massa e volume, e para poder compará-la você precisa manter a massa ou o volume constantes.

metal	d (g/cm³)	PF (°C)
magnésio	1,7	651
alumínio	2,6	660,2
titânio	4,5	1668
estanho	7,2	231,8
manganês	7,4	1244
ferro	7,8	1535
cobre	8,9	1083
prata	10,5	960,8
chumbo	11,3	327,4
mercúrio	14,1	-38,8
ouro	19,3	1063
platina	21,4	1773,5

Tabela 5.1 – *Densidade e Ponto de Fusão de alguns metais a T = 25°C e P = 1atm, respectivamente*

ATENÇÃO

1 cm³ = 1 mL.

ATENÇÃO

É necessário especificar essas condições porque a densidade varia com a temperatura e o PF muda em diferentes pressões.

ATENÇÃO

Lembramos que a temperatura se mantém constante enquanto a substância pura está mudando de estado.

Outra propriedade muito importante é o ponto de fusão, que é a temperatura na qual o material passa do estado sólido para o líquido (fusão). Como vemos na Tabela 5.1, os onze metais listados apresentam ponto de fusão bem mais alto do que a temperatura ambiente, portanto existem no estado sólido, e apenas um, o mercúrio, com PF = -38,8°C, já ultrapassou esta temperatura, portanto se encontra no estado líquido na temperatura ambiente.

Conhecer o ponto de fusão pode ser determinante no uso do metal, por exemplo, o filamento de um fusível é constituído por uma liga com ponto de fusão de 70°C, que é baixo, justamente porque ele deve fundir quando ocorre uma sobrecarga na rede elétrica, para protegê-la. Já uma cápsula espacial, ao retornar para a Terra vinda do espaço, terá um atrito muito grande com a atmosfera, o que eleva muitíssimo a temperatura, por isso, ela precisa estar revestida com um metal que tenha ponto de fusão muito alto, como o titânio, por exemplo.

Por fim, temos a condutibilidade elétrica, que é relacionada ao quanto um metal é capaz de conduzir eletricidade. O cobre, por exemplo, é um bom condutor, e seu preço é acessível, por isso ele é usado na confecção de fios elétricos.

5.2. LIGAS

Muitas vezes, precisamos de um material que tenha características que não existem em um único metal. Nessas situações, podem ser usadas ligas: misturas de dois ou mais metais e, às vezes, um nãometal, como o carbono, que, nas proporções adequadas, terão as qualidades desejadas.

Atualmente, existem inúmeras ligas inclusive já citamos duas delas na seção anterior. Uma das mais presentes em nossas vidas é o aço, que é composto por ferro e carbono. Essa liga foi desenvolvida porque o ferro puro é quebradiço e, consequentemente, quase inútil. O simples fato de lhe adicionar pequena quantidade de carbono o tornou o metal mais usado atualmente pela sociedade. Outro tipo de aço importantíssimo é o inoxidável, que pode receber a adição complementar de crômio, níquel, tungstênio, manganês, cobre e outros, em variadas proporções, dependendo do tipo de aço inoxidável que se deseja obter.

Na manufatura de joias normalmente não é possível se utilizar ouro puro, pois esse metal é excessivamente maleável para tal fim. Assim, o ouro é usado na forma de ligas, por exemplo, o ouro 18 quilates, uma liga composta por 75% de ouro, 12,5% de prata e 12,5% de cobre.

O amálgama de mercúrio, por sua elevada resistência à mastigação e ótima coesão que evita infiltrações, é muito utilizado

> **ATENÇÃO**
> Liga de 31% de chumbo, 31% de bismuto, 16% de cádmio e 15% de estanho.

> **ATENÇÃO**
> Na proporção de 0,2 a 1,5% de carbono.

em restaurações dentárias. Sua composição é de, no mínimo, 65% de prata e, no máximo, 3% de mercúrio, 29% de estanho, 6% de cobre e 2% de zinco.

Outro exemplo interessante é a liga usada para solda, de 67% de chumbo com 33% de estanho, que apresenta um ponto de fusão baixo para que fique líquida rapidamente e, assim, possa soldar os materiais.

O latão é composto por 20% de zinco e 80% de cobre, e é usado na manufatura de instrumentos de sopro e de torneiras, por exemplo.

5.3. MINERAIS E MINÉRIOS

Os metais são extraídos da crosta terrestre, mas apenas o ouro, a platina, a prata, o cobre e o mercúrio podem ser encontrados isolados em suas formas metálicas. Todos os demais se apresentam na natureza como componentes de substâncias dos minerais. Assim, para obtê-los é preciso extraí-los desses minerais, por meio de uma série de reações químicas. Quando o mineral contém um metal que pode ser extraído com vantagem econômica ele é chamado de minério.

Mineral: material sólido natural, inorgânico, de composição química definida e estrutura interna regular, que constitui a litosfera.

Metal	Minério	Composição
Prata – Ag*	argentita	Ag_2S
Mercúrio – Hg**	cinábrio	HgS
Cobre – Cu***	calcopirita	$CuS.FeS$
	calcosita	Cu_2S
	cuprita	Cu_2O
Chumbo – Pb	galena	PbS
Estanho – Sn	cassiterita	SnO_2
Níquel – Ni	pentlandita	$FeS.NiS$
Ferro – Fe	hematita	Fe_2O_3
	magnetita	Fe_3O_4
Zinco – Zn	blenda	ZnS
Alumínio – Al	bauxita	$Al_2O_3.Fe_2O_3$
Manganês – Mn	pirolusita	MnO_2
Crômio – Cr	cromita	$FeO.Cr_2O_3$
Titânio – Ti	ilmenita	$TiO_2.FeO$

* Ag ocorre também frequentemente isolada.
** Hg ocorre isolado muito raramente.
*** Cu ocorre também isolado.

***Tabela 5.2** – Exemplos de metais e seus principais minérios*

Nióbio: metal usado em aços e ligas metálicas de grande rigidez, dureza e estabilidade térmica. Também é usado em cápsulas espaciais, mísseis, foguetes, reatores nucleares e semicondutores.

Níquel: metal usado em aços, moedas, catalisadores, baterias, materiais magnéticos e na niquelação de objetos.

Por ser um recurso natural não renovável e em decorrência do intenso uso que fazemos dos metais, as jazidas de minérios metálicos estão se esgotando. O Brasil detém razoável proporção das reservas mundiais de alguns metais, cerca de 88% de nióbio, 12% de alumínio, 8% de estanho, 8% de ferro, 5% de níquel, e 2% de cobre, por exemplo.

5.4. OBTENÇÃO E APLICAÇÕES DE ALGUNS METAIS

Como comentamos anteriormente, a maioria dos metais é obtida a partir do minério correspondente. A dificuldade da extração do metal do minério depende da reatividade de cada um.

Os metais têm uma diferença natural em sua reatividade, ou seja, os metais mais reativos têm uma maior tendência natural a sofrer oxidação. Simplificando, isso significa que uns metais têm uma maior tendência para ficar combinados dentro de compostos que outros, por serem mais reativos. De todos os metais, os menos reativos são: o ouro, a platina, a prata, o mercúrio e o cobre, que, por essa característica, são chamados de metais nobres. Em função disso, o ouro, por exemplo, que é o menos reativo de todos, está presente na natureza na forma isolada, e não combinado em um minério. É por essa baixíssima reatividade que o ouro puro praticamente não escurece, ou seja, ele não reage com o oxigênio do ar. Em outras palavras, ele não sofre oxidação naturalmente.

Em contrapartida, o ferro, por exemplo, que é um metal com alta reatividade, só é encontrado na natureza sob a forma de minérios, nunca isolado. E é facilmente oxidado pelo oxigênio do ar, "enferrujando".

Os metais podem ser organizados pela ordem de reatividade em uma sequência, como a mostrada a seguir:

Para obter o metal puro é preciso fazer uma reação oposta à oxidação, chamada redução. Portanto a obtenção do metal a partir do minério será tanto mais difícil quanto maior for a sua facilidade de sofrer oxidação, ou quanto mais reativo esse metal for. A seguir, comentaremos a forma de obtenção e aplicações de alguns metais que julgamos mais relevantes.

Porém, antes de apresentarmos a forma de obtenção dos metais, cabe um comentário de ordem pedagógica importante. Mostraremos uma série de equações químicas para explicar cientificamente a obtenção dos metais selecionados. Em relação à abordagem escolar destas equações, reiteramos todos os comentários já feitos no capítulo sobre poluição atmosférica, no início da Seção 3.1. Além da contribuição, já mencionada no referido capítulo, que o estudo adequado desse tipo de conteúdo pode trazer para o estudo da linguagem da Química e para o desenvolvimento do raciocínio lógico, especificamente, no caso da obtenção dos metais, acrescentamos o fato de que a apresentação das equações químicas correspondentes poderia também contribuir para que o estudante perceba mais claramente a inserção da Química na produção de materiais extremamente importantes e presentes na nossa vida cotidiana. Percepção essa essencial para modificar a difundida imagem de que a Química é apenas uma Ciência "má" e poluidora, como já destacamos no Capítulo 4. Inclusive, as equações relativas às obtenções dos metais são razoavelmente simples, o que facilita o seu tratamento em sala de aula, desde que respeitadas, claro, as recomendações que fizemos no supracitado capítulo sobre poluição atmosférica.

Cobre

Em virtude da nobreza do cobre é possível obtê-lo com relativa facilidade, apenas aquecendo seu minério com oxigênio. Se o minério em questão for a calcosita a reação será:

$$Cu_2S + O_2 \xrightarrow{\Delta} 2Cu + SO_2$$

O cobre obtido, então, é purificado por eletrólise.

Esse metal é muito usado na fabricação de fios elétricos, como já citamos na Seção 5.1. Devido à sua baixa tendência a sofrer oxidação, o cobre também é utilizado como encanamento para água quente, em sistemas de aquecimento central. Essa é uma aplicação particularmente interessante, pois evita o uso de canos de ferro, que antes de serem substituídos pelos de PVC, com o passar dos anos, ficavam completamente enferrujados (oxidados), causando uma série de transtornos. O cobre também faz parte de, pelo menos, duas importantes ligas: o bronze e o latão.

Ferro

Como já dissemos na Seção 5.2 o ferro é usado basicamente na forma de aço, do qual ele é o principal componente.

ATENÇÃO

O processo de aquecimento do minério com oxigênio recebe o nome de ustulação.

ATENÇÃO

Este símbolo sobre a seta da equação química significa aquecimento.

Bronze: liga composta por 90% de cobre e 10% de estanho.

Latão: liga composta por 67% de cobre e 33% de zinco.

Consequentemente, é o metal mais usado pela humanidade. O aço é extremamente resistente à tração e, por isso, um de seus empregos mais importantes é na fabricação de vergalhões usados para montar a estrutura interna do concreto armado. Essa combinação alia as resistências à compressão devida ao concreto e à tração devida ao aço. O ferro também compõe os aços inoxidáveis, explanados na Seção 5.2. Os diversos tipos de aços têm inúmeros usos em: eletrodomésticos, motores, peças de veículos, latarias, trilhos, ferramentas, portões, móveis, arames, parafusos, pregos etc.

Como o ferro é um metal com alta tendência a sofrer oxidação, para extraí-lo de seu principal minério, a hematita, o método é mais complicado que o usado para o cobre. Esse processo de extração é realizado no alto-forno de uma usina siderúrgica, e consiste, de maneira simplificada, nas etapas a seguir.

Primeiramente, faz-se a introdução, no topo do alto-forno, em temperatura bastante alta, de hematita (Fe_2O_3) e carvão coque (C); injeta-se ar quente (para fornecer O_2) sob pressão na base do forno. As principais reações serão:

> **Carvão coque:** tipo de carvão com altíssimo teor de carbono, obtido pelo aquecimento da hulha, um tipo de carvão mineral (vide capítulo de combustíveis).

$$C + \tfrac{1}{2} O_2 \longrightarrow CO$$

$$Fe_2O_3 + 3CO \longrightarrow 2Fe + 3CO_2$$

O CO2 obtido também reage com o coque, realimentando o processo:

$$CO_2 + C \longrightarrow 2CO + calor$$

Além dessas, também ocorrem outras reações com calcário ($CaCO_3$) para eliminar impurezas de SiO_2 que contaminam a hematita. O ferro obtido nesse processo é chamado de ferro gusa.

Um problema muito sério que afeta o ferro (ou o aço, que é composto basicamente por ferro) é o da corrosão. Como o ferro é reativo, ele sofre facilmente oxidação pelo ar e pela umidade, formando o óxido de ferro (Fe_2O_3), segundo a reação:

$$4Fe + 3O_2 + 2nH_2O \longrightarrow 2Fe_2O_3 \cdot nH_2O$$

Essa equação evidencia a necessidade da presença de água, além do oxigênio, para que ocorra a oxidação do ferro, mas muitas vezes ela é representada de forma simplificada pela equação:

$$2Fe + 3/2 O_2 \longrightarrow Fe_2O_3$$

Esse processo de oxidação do ferro é vulgarmente chamado de formação de ferrugem. Dizer que o ferro enferrujou, em linguagem cientificamente mais precisa é o mesmo que dizer que ele sofreu oxidação. Ao abordar esse assunto com os alunos do ciclo II não vemos problema em usar o termo enferrujamento, que é mais próximo de sua vivência, mas achamos interessante que a expressão oxidação seja introduzida como sinônimo, para que ele se aproprie de termos científicos.

A formação do óxido de ferro hidratado ($Fe_2O_3 \cdot nH_2O$) é um problema muito sério na manutenção de objetos ferrosos, porque esse composto marrom-avermelhado (ou como se diz, cor de ferrugem) é poroso e quebradiço e esfarela com o passar do tempo. Em outras palavras, quando um portão enferruja, o ferro é transformado em óxido de ferro, que desmancha aos poucos, destruindo assim o portão.

Para atenuar a oxidação, o metal pode ser recoberto com tintas especiais, como, por exemplo, o conhecido zarcão, que protege portões. O ferro também pode ser revestido por outro metal mais reativo, que sofre oxidação no lugar dele, para preservá-lo. Este tipo de metal é chamado de metal de sacrifício. Um exemplo muito usado disto é o ferro galvanizado, que é ferro revestido com uma camada de zinco. O zinco se "sacrifica" sendo oxidado a óxido de zinco e o ferro fica preservado. O óxido de zinco não é quebradiço como o de ferro, por isso é criada uma camada protetora.

Zarcão: óxido de chumbo.

Há ainda outra forma de proteção, chamada de metalização eletrolítica, que consiste no depósito sobre o metal de uma camada bastante espessa de um metal mais nobre, menos sujeito à oxidação. No caso do ferro isso pode ser feito usando-se, por exemplo, cobre ou estanho. Muitas latas usadas para acondicionar alimentos são de laminados de aço revestidos em ambas as faces por estanho – as chamadas folhas de flandres. O estanho tem a função de impedir a formação de ferrugem, protegendo o alimento. Um dos motivos pelos quais não devemos consumir um alimento de uma lata amassada é justamente porque esse revestimento pode estar danificado.

Como podemos ver, a oxidação do ferro é um assunto bastante vasto e bem presente no cotidiano, sendo interessante a sua abordagem em Ciências. Por isso mesmo, a atividade proposta ao final desse capítulo envolve esse tema.

Ouro e mercúrio

O ouro, por sua reatividade muito baixa, encontra-se na natureza isolado em veios ou pepitas. Os veios são incrustações do metal em rochas, as quais são retiradas por meios mecânicos com picaretas, dinamite e outros acessórios. Esse processo é chamado de mineração. Depois, o ouro é separado da rocha e utilizado para fins diversos.

As pepitas são grãos ou pedaços de ouro, encontrados em cursos d´água e extraídas por garimpeiros. Porém, muitas vezes o ouro se encontra na forma de pó, misturado à lama do rio ou lago, e para separá-lo os garimpeiros usam mercúrio. Esse processo de separação é baseado na diferença de solubilidade do ouro e da lama no mercúrio. Os garimpeiros colocam uma porção de água com lama em uma bateia e adicionam mercúrio à mistura. O mercúrio dissolve somente o ouro formando um amálgama; então, esse amálgama é transferido para outro recipiente e queimado com um maçarico para fazer o mercúrio evaporar, sobrando apenas o ouro. A lama restante, contaminada por mercúrio, é descartada de volta ao rio poluindo suas águas. Além disso, o vapor do mercúrio, que é extremamente tóxico, é inalado pelos garimpeiros durante o processo, e também se condensa, contaminando o solo e a água da região.

O mercúrio líquido não é tóxico, contudo é facilmente transformável em metilmercúrio, composto que é consumido pelos seres vivos aquáticos. A partir desse consumo, ele se espalha na cadeia alimentar, sofrendo bioacumulação. Assim, quanto maior for o nível trófico ao qual pertencem os peixes que o ser humano consumir, mais contaminados eles poderão estar, intoxicando-o.

Essa entrada do mercúrio na cadeia alimentar não é imediata, ele é introduzido à medida em que sofre metilação. Por exemplo, na Amazônia brasileira, sabe-se que, a partir da década de 1980, cerca de 3 mil toneladas de mercúrio utilizadas em garimpos vêm sendo introduzidas na cadeia alimentar aquática, afetando a população ribeirinha, que se alimenta basicamente de peixes.

No organismo humano o mercúrio atua como potente desnaturador de proteínas e inibidor de aminoácidos. Ele também pode interferir nas funções de transporte das membranas celulares, sobretudo nos neurotransmissores. Essas ações podem produzir graves lesões, principalmente nos rins, no fígado, no sistema nervoso central e no sistema digestório.

Salientamos que a poluição por mercúrio advinda dos garimpos é um problema muito sério no Brasil e merece uma discussão aprofundada nas aulas de Ciências. Esse problema também envolve aspectos socioeconômicos, uma vez que os

---

Mercúrio: metal que fica líquido na temperatura ambiente.

Bateia: recipiente de madeira ou metal, de fundo cônico, onde cascalho ou minério são revolvidos, em busca de pedras e metais preciosos.

Bioacumulação: aumento da concentração de uma substância ao longo da cadeia alimentar. Nesse caso, a cada nível trófico a concentração do mercúrio aumenta. Isso ocorre porque o consumidor do nível superior consome esse produto sucessivas vezes, pois ele se alimenta de muitos organismos contaminados ao longo da vida, acumulando, assim, uma maior quantidade em seu organismo.

Metilação: nome da reação de formação do metilmercúrio.

garimpeiros têm péssimas condições de trabalho e a busca por esse tipo de emprego é muito associada à falta de outras opções no mercado de trabalho. Há inclusive aspectos culturais a serem considerados, pois existe uma resistência muito grande, dos próprios garimpeiros, ao uso da retorta para queimar o amálgama, que minimizaria muito o lançamento do vapor de mercúrio na atmosfera. Na verdade, esse é um bom exemplo do tipo de problemas que a falta de conhecimento pode causar.

Retorta: recipiente próprio para destilações.

Outro ponto a ser destacado é o fato de que, no Brasil, o uso do mercúrio no garimpo já é proibido desde 1989 e, mesmo assim, o mercúrio continua a ser usado. A sua importação e a comercialização também são regulamentadas pelo Ibama.

O mercúrio tem muitas aplicações, sendo que as mais importantes são em restaurações dentárias, termômetros, barômetros e algumas pequenas pilhas.

Assim como o cobre, esse metal é obtido mediante a ustulação do respectivo minério (cinábrio), como indica a reação:

$$HgS + O_2 \xrightarrow{\Delta} Hg + SO_2$$

Crômio (Cr)

O crômio é extraído do minério cromita, por redução com C ou alumínio, segundo as reações:

$$Cr_2O_3 + 3C \xrightarrow{\Delta} 2Cr + 3CO$$

ou

$$Cr_2O_3 + 2Al \xrightarrow{\Delta} 2Cr + Al_2O_3$$

Do ponto de vista de aprendizagem, esse é um metal particularmente interessante porque serve para explicar aos alunos um mecanismo natural de proteção à corrosão. Afinal, objetos cromados ou de aço inoxidável costumam ser conhecidos dos alunos, funcionando assim como um bom contexto para explicar o referido mecanismo. Uma peça de crômio permanece brilhante mesmo com o passar do tempo porque o crômio da superfície é oxidado pelo oxigênio do ar a óxido de crômio (Cr_2O_3), que fica completamente aderido à superfície do objeto. Assim, forma-se uma fina camada transparente sobre o metal, que impede que o seu interior seja oxidado, protegendo-o. Esse processo chama-se passivação. A passivação pode ocorrer de forma espontânea ou forçada. Nesse caso ela acontece espontaneamente, por isso, o crômio é muito usado para revestir objetos metálicos, os

Passivação: nome do processo de formação de uma película protetora (normalmente um óxido) na superfície de um metal, impedindo a sua oxidação posterior.

chamados cromados. Para efetuar a cromação, as indústrias usam um processo denominado eletrólise, no qual a peça é imersa em um banho com solução de crômio sob a ação de corrente elétrica.

O crômio também é um dos principais componentes dos aços inoxidáveis, na superfície dos quais acontece o mesmo processo de passivação, pela formação da película protetora de óxido de crômio.

Outro metal que pode ser usado para fazer passivação é o níquel, e o processo, então, é chamado de niquelação. Muitas torneiras feitas de latão são niqueladas, o que resulta em um intenso brilho.

Alumínio

O alumínio é extraído da bauxita por um método bastante extenso e difícil, que, em linhas gerais, envolve primeiramente a purificação da bauxita para se obter o Al_2O_3 e depois, uma eletrólise para conseguir o metal Al. Em razão da redução do Al_2O_3 necessitar de corrente elétrica, somente em países nos quais essa energia não é cara, a produção de alumínio torna-se economicamente viável. O Brasil é um desses países, sendo o quarto produtor mundial desse metal. Não detalharemos o processo ou as reações envolvidas, pois, devido à sua complexidade, julgamos não ser pertinente ao escopo desse livro.

Unindo baixa densidade à resistência, o alumínio é um metal muito versátil, com inúmeras aplicações. Pode ser utilizado, por exemplo, em: latas de bebidas, portões, janelas, panelas, utensílios de cozinha, rodas de carros, bicicletas, revestimento de veículos, esquadrias etc.

Outra propriedade que torna o alumínio muito útil é que, embora seja bastante suscetível à oxidação, ele não sofre corrosão, pois o óxido de alumínio que se forma na superfície fica aderido sobre a peça, protegendo-a da oxidação interna. É o mesmo processo de passivação que ocorre com o crômio. No entanto, nesse caso, o óxido de alumínio formado não é transparente, tornando a peça mais opaca. No caso de uma panela, por exemplo, percebemos bem que, com o tempo, isso acontece. Para que ela recupere o brilho, costuma-se areá-la e, nesse procedimento abrasivo, a camada de óxido de alumínio é retirada. Naturalmente, com o tempo, a camada se formará de novo e nova areação será necessária, isso acontecendo repetidas vezes haverá um desgaste na panela, às vezes chegando a furá-la.

5.5. ATIVIDADE PROPOSTA

a. Atividade

Identificação de metais e de processos de corrosão.

b. Objetivos

- Perceber a presença dos metais em nosso cotidiano.
- Aprender quais fatores são necessários para a formação de ferrugem.

c. Desenvolvimento

1ª ETAPA:

Inicialmente o professor pede aos alunos que levem para a classe objetos banhados, feitos de metal, ou que contenham algum metal. Como exemplos, eles podem levar panelas de alumínio, recipientes de aço inox, bandejas, latas de refrigerantes e de outros alimentos, baterias de celulares, pilhas comuns, fios de cobre, peças cromadas, joias ou semijoias de ouro ou prata, chaves, fotos de torneiras, pias, portões, maçanetas, puxadores e até de carros.

Se o objeto for muito grande ou pesado e não for possível levá-lo, o aluno pode levar fotos do mesmo, tiradas por ele ou recortadas de revistas.

De posse dos referidos objetos, os alunos são divididos em grupos e recebem a tarefa de tentar identificar qual é o metal, ou liga que compõe cada um. Naturalmente muitas vezes será impossível determinar exatamente qual é o metal ou a liga, mas isso não será um problema, pois o objetivo primordial dessa fase não é a identificação em si, mas mostrar aos alunos o quanto os metais estão presentes na vida deles.

Além de tentar identificar o metal eles também devem observar algumas características como o brilho e a presença de oxidação.

ATENÇÃO

Essa oxidação pode ser detectada por escurecimento da peça ou por enferrujamento, no caso do ferro.

2ª ETAPA:

Na etapa anterior, certamente, alguns utensílios de ferro apresentaram sinais de ferrugem (oxidação). O professor, então, faz um resgate dessas observações e explica que os alunos, agora, estudarão as condições da formação da ferrugem. Ele distribui para cada aluno dois pregos novos de ferro e pede a eles que os coloquem em casa, por dez dias, em condições tais que um deles não enferruje nada e o outro fique bastante enferrujado. Salienta e incentiva o aluno a usar quaisquer recipientes, substâncias e locais que achar interessantes, e pede que eles anotem essas condições detalhadamente e os resultados obtidos ao final do período. Os pregos serão levados para a aula após o prazo decorrido e o professor fará um levantamento geral das observações feitas, procurando organizá-las de forma a destacar que a presença simultânea de oxigênio e umidade é fundamental para a formação da ferrugem. Mas, sem ainda sistematizar definitivamente essa ideia, pois, na sequência, será proposto um outro experimento para isso.

Provavelmente os alunos criarão as mais diversas circunstâncias para os próprios pregos. Uma situação que pode surgir, e que vale a pena discutir, é a colocação do prego em um ambiente escuro, esperando-se que ele não enferruje. Nesse caso, o aluno pode associar a luz ao aparecimento da ferrugem, quando ela não interfere em nada no processo.

3ª ETAPA:

Nesse primeiro experimento feito em casa pelos alunos, as variáveis umidade e oxigênio propositalmente foram manipuladas aleatoriamente. Agora, o professor propõe um segundo experimento, a ser realizado em pequenos grupos na própria escola, no qual essas variáveis serão isoladas, de forma que seja possível tirar conclusões a respeito de sua relevância na formação da ferrugem.

2º EXPERIMENTO:

Procedimento

- FRASCO 1: Coloque um prego de ferro novo dentro de um frasco e cubra-o com água. Tampe o frasco.

- FRASCO 2: Coloque um prego de ferro novo dentro de um frasco e cubra-o com água. Tampe o frasco. Envolva o frasco com papel-alumínio, de forma a protegê-lo da luz.

- FRASCO 3: Coloque um prego de ferro novo dentro de um frasco e cubra-o com água previamente fervida por, pelo menos, dez minutos, ainda quente, até ficar completamente cheio. Tampe imediatamente.

- FRASCO 4: Coloque um prego novo, de ferro, dentro de um frasco e cubra-o com óleo de cozinha limpo. Tampe o frasco.

ATENÇÃO
Esse frasco com tampa pode ser um vidro de maionese, por exemplo.

ATENÇÃO
A água deve ser fervida por tempo suficiente para eliminar todo o oxigênio dissolvido.

- FRASCO 5: Corte um pedaço de alumínio de uma lata de refrigerante limpa. Lixe o lado pintado para tirar a tinta. Coloque-o dentro de um frasco e cubra-o com água. Tampe o frasco.

Questão: O que você espera que aconteça com o prego de cada frasco em relação ao aparecimento de ferrugem? E com o pedaço de alumínio?

- Deixe os frascos montados guardados durante uma semana.
- Após o prazo fixado retire os pregos e observe-os quanto ao aparecimento ou não de ferrugem.
- Compare o pedaço de alumínio do frasco 5 com um pedaço recém-lixado de alumínio.
- Compare os resultados obtidos com as previsões feitas inicialmente.

Neste experimento, trabalha-se com situações diferenciadas em relação à presença de oxigênio e umidade, no frasco 1 e 2, os dois estão presentes, no 3, somente a umidade, e no 4, nenhum dos dois. A distinção entre o 1 e o 2 é a existência de luz, para desfazer o comum equívoco mencionado anteriormente de que, no escuro, não ocorre a oxidação do ferro. O frasco 5 serve para comparar a oxidação do alumínio com a do ferro no frasco1.

Como resultado espera-se que o prego enferruje nos frascos 1 e 2, pois neles há presença de oxigênio e umidade, condição absolutamente necessária para que ocorra a formação da ferrugem. E que no pedaço de alumínio do frasco 5 tenha se formado uma camada superficial de óxido de alumínio.

Após a realização do experimento, o professor pede que cada grupo discuta e sistematize os resultados obtidos, chegando a conclusões acerca das condições necessárias para que ocorra a oxidação do ferro. Ele solicita também que eles relatem as diferenças observadas entre a oxidação do ferro e do alumínio.

Por fim, o professor orienta uma discussão com a classe toda sobre essas conclusões, ressaltando que, se um prego fosse colocado sozinho dentro do frasco também seria oxidado, pois haveria a presença do oxigênio e da umidade sob a forma de vapor de água do ar. Todavia, esse processo seria mais lento do que no frasco com água, porque haveria menos umidade.

d. Avaliação

Como avaliação, o professor pode pedir que os alunos elaborem um relatório individual do primeiro experimento e um relatório em grupo do segundo.

PARA FINALIZAR...

Nesse capítulo pinçamos alguns elementos relacionados às propriedades, obtenção e aplicações de vários metais presentes na sociedade moderna. Justamente por conjugar essa presença marcante no cotidiano dos alunos com explicações científicas muito interessantes, consideramos o tema de suma importância para o ensino de Ciências.

É claro que o assunto também envolve uma problemática ambiental, relacionada ao esgotamento das jazidas e à necessidade de reciclagem, que foi pouco explorada ao longo do texto. Isso se deu porque optamos por abordar aspectos que, lamentavelmente, costumam ser renegados para segundo plano, ou nem sequer são tratados em Ciências no ciclo II. Ademais, no próximo capítulo, discutiremos essas questões.

As atividades experimentais escolhidas envolvem material bastante simples e barato, o que facilita muito a sua implementação, mas, não obstante, são muito ricas em conceitos científicos. Sem mencionar o quanto normalmente os alunos se interessam por este tipo de trabalho.

Sem dúvida, a vastidão do tema permite que muitas outras abordagens e atividades sejam desenvolvidas, o que o torna muito motivador para o trabalho do professor.

5.6. SUGESTÕES DE LEITURA

Recomendamos a leitura de:

ESPERIDIÃO, I. M.; NÓBREGA, O. **Os metais e o homem**. São Paulo: Ática, 1996.

5.7. BIBLIOGRAFIA CONSULTADA

BRASIL, Secretaria de Educação Fundamental. **Parâmetros curriculares nacionais**: Ciências Naturais. Brasília: MEC/ SEF, 1998.

CANTO, E. L. **Minerais, minérios, metais**: de onde vêm? Para onde vão? São Paulo: Moderna, 2002.

LIMA, M. E. C. C. et al. **Aprender ciências**: um mundo de materiais. Belo Horizonte: Editora da UFMG, 1999.

PEQUIS. **Química e sociedade**: volume único. São Paulo: Nova Geração, 2005.

SOUZA, J. R.; BARBOSA, A. C. Contaminação por mercúrio e o caso da Amazônia. **Química Nova na Escola**, n. 12, p. 3-7. nov. 2000.

6

Lixo:
será o fim do que não queremos mais?

O tema lixo ou resíduos é de extrema importância, pois sua abordagem pode contribuir muito para que o aluno adquira hábitos responsáveis em relação ao exercício da cidadania e à preservação do meio ambiente. Além disso, é um tópico chave no que diz respeito à contextualização de diversos conteúdos de Química, Física e Ciências Biológicas em Ciências no Ciclo II do Ensino Fundamental.

Isso porque a atual geração excessiva de lixo e os problemas que isso acarreta são situações muito concretas e próximas da vida diária do aluno. Por isso, o seu estudo pode facilitar a incorporação de atitudes sustentáveis em sua vida. Apesar de o tema ser bastante palpável, devido à faixa etária dos alunos em questão, é necessário que o professor proponha algumas atividades para que o estudante se dê conta de que realmente geramos individualmente muito lixo todos os dias, e de que a soma dessa quantidade produzida por cada um resulta em um valor gigantesco. Inclusive ao final do capítulo sugerimos algumas atividades nesse sentido. O alto potencial contextualizador do tema se deve ao fato de que a caracterização do lixo e a busca de soluções para a sua destinação requerem obrigatoriamente diversos conhecimentos científicos para sua compreensão.

Este capítulo tem como principal objetivo fornecer alguns subsídios e embasamento teórico ao professor, para que ele possa

ATENÇÃO

Embora usemos corriqueiramente a palavra "lixo", o termo resíduos é mais correto.
Entretanto, para o entendimento do estudante de Ensino Fundamental, o termo "lixo" será preferencialmente adotado, por estar mais próximo de sua realidade.

discutir com seus alunos os diferentes conceitos citados, além de outros que possa correlacionar com o tema.

Inicialmente, antes de tudo, vamos definir o que vem a ser lixo. Consideramos lixo coisas inúteis, imprestáveis, velhas, sem valor; aquilo que se varre para tornar limpa uma casa ou uma cidade, ou seja, os restos das atividades humanas que não têm mais utilidade e que, por isso, "jogamos fora".

Segundo a Associação Brasileira de Normas Técnicas (ABNT, 1987), lixo ou resíduos são os restos das atividades humanas, considerados pelos geradores como inúteis, indesejáveis ou descartáveis. Normalmente, apresentam-se sob estado sólido, semissólido ou semilíquido (com conteúdo líquido insuficiente para que possa fluir livremente).

> **Biosfera:** parte da esfera terrestre onde se desenvolve a vida animal e vegetal.

Podemos ampliar essa definição incluindo como produtores quaisquer organismos vivos presentes na biosfera. Apoiando-se nesse contexto ampliado, o professor pode inserir conceitos como os de matéria e energia, ciclos naturais, cadeias alimentares, e transformação da matéria.

> **Antonie Lavoisier (1734-1794):** realizou importantes estudos sobre reações químicas de combustão, conduzindo experimentos cuidadosamente controlados e utilizando formas de medidas quantitativas, que o levaram a enunciar a Lei da Conservação das Massas. Por esses estudos, ele é considerado o Pai da Química Moderna.

Assim, um ponto de partida bastante interessante para o professor é explicar aos alunos que tudo o que existe no Universo é formado de matéria e energia, e a produção de lixo é um resultado natural da vida na Terra, pois segundo o enunciado da Lei da Conservação das Massas ou da Matéria proposta por Lavoisier, "na natureza nada se cria, nada se perde, tudo se transforma". Nessa perspectiva, tudo aquilo que se torna inútil para qualquer ser vivo, após o indivíduo ter usufruído desse material para sua existência, se tornará lixo, pois será descartado no ambiente, sendo, posteriormente, útil para outro organismo vivo, que reaproveita o "lixo" gerado pela outra espécie. Em outras palavras, no ciclo natural da vida todo o resíduo é reaproveitado pela própria natureza, pelo processo de autodepuração ou transformação da matéria, por meio de processos químicos e biológicos.

> **ATENÇÃO**
>
> *O processo de degradação da matéria (ou depuração) é a decomposição de moléculas orgânicas complexas, como celulose, carboidratos, proteínas, entre outras, em substâncias inorgânicas simples.*

Quando, por exemplo, alguma planta perde suas folhas velhas é porque elas não têm mais função para esse organismo. Essas folhas, então, são os resíduos dessas plantas, que, após caírem no solo, serão degradadas por micro-organismos, se transformando em substâncias químicas simples como água, dióxido de carbono (CO_2), oxigênio (O_2) e sais minerais. Essas substâncias simples, por sua vez, seriam o lixo gerado por esses micro-organismos, no processo de transformação da matéria. Assim, nesse caso, os referidos micro-organismos aproveitaram o lixo das plantas e geraram outros resíduos que servirão de "adubo" para a terra, para se iniciar um novo ciclo de vida, com o crescimento de outra planta, e assim por diante.

Isso também acontece quando um animal herbívoro come uma planta que, pelo processo da digestão, absorve o que é necessário para sua sobrevivência, e descarta no ambiente o que não lhe é mais útil, por meio das fezes e da urina. Esse é o lixo produzido por esse animal. Como ocorre com as plantas, as fezes e a urina serão degradadas no solo pelos micro-organismos, integrando-se a um novo processo. O mesmo ocorre com os seres humanos, que se alimentam tanto de animais quanto de vegetais. Assim, tem-se o ciclo de uma cadeia alimentar, na qual cada indivíduo tem uma função específica.

Em um ecossistema no qual todos os resíduos produzidos são assimilados pelo ambiente, ou seja, o sistema consegue efetuar a depuração de seu "lixo", a taxa de geração de resíduos está de acordo com a capacidade do meio em assimilá-los. Com isso, não são observados desequilíbrios ecológicos.

No início da história da humanidade, a produção de lixo pelos seres humanos não era um problema tão significativo, visto que a sobrevivência dos indivíduos provinha totalmente da natureza, e para encontrar alimentos estavam sempre em deslocamento, apresentando características nômades, ou seja, não se fixavam em um lugar definido. Os resíduos da alimentação, tais como: ossadas, peles e os restos de vegetais, eram abandonados pelo caminho, no solo, e se degradavam pela ação dos micro-organismos, retornando ao ciclo natural.

O problema da geração de lixo começou com a mudança do estilo de vida dos seres humanos, que formaram grupos sociais e passaram a viver em comunidades fixas. A população desses novos nichos cresceu, e os resíduos gerados por ela começaram a ser descartados em um determinado espaço, que, a partir de certo tempo, passou a ficar saturado, por não ser mais capaz de degradar esses resíduos.

Lembrando um fato histórico, a disposição inadequada e o acúmulo do lixo a céu aberto e a falta de higiene da população das cidades, pode ter sido uma das principais responsáveis pela morte de um terço da população da Europa na Baixa Idade Média (século XIV). O lixo acumulado atraía uma série de animais vetores, como os ratos e outros insetos, responsáveis pela transmissão de diversas doenças graves, como a peste bubônica

---

Ecossistema: conjunto de seres vivos que interage entre si e com o meio natural de maneira equilibrada, por meio da reciclagem de matéria e do uso eficiente da energia solar. Um ecossistema pode ter dimensões extremamente variáveis, como, por exemplo, o jardim de uma casa, até uma floresta tropical, como a amazônica.

ou Peste Negra, que era transmitida pela picada das pulgas que passavam dos ratos para os seres humanos, infectando estes últimos com a doença.

Com o advento da Revolução Industrial, a partir do século XVIII, os seres humanos passaram a consumir produtos industrializados, em decorrência do aumento da disponibilidade de diversos novos produtos com preços muito mais baixos, o que favoreceu o aumento do consumo em todas as classes. Já no século XX, o surgimento de materiais sintéticos – substitutos de matérias primas naturais – propiciou a fabricação de inúmeros produtos descartáveis, a partir de polímeros sintéticos, como o plástico.

A sociedade atual é incentivada a consumir cada vez mais pela indústria e a mídia. Novos produtos são lançados todos dos dias, como os celulares e outros eletroeletrônicos com alguns avanços tecnológicos, por exemplo. As pessoas se desfazem dos produtos antigos, mesmo que estejam em perfeito funcionamento, para terem em mãos a última tecnologia da "moda", e muitas vezes para aparentar status social. Infelizmente, vivemos na "era do descartável".

O problema não se restringe à quantidade de lixo gerada pelas populações, mas também ao tempo que certos materiais levam para serem degradados no meio ambiente.

Podemos observar na Tabela 6.1, apresentada a seguir, que o tempo de degradação de diversos materiais é muito superior ao tempo de vida de um ser humano. Os plásticos são especialmente problemáticos nesse aspecto, por levarem centenas de anos para se decomporem.

Material	Tempo de Degradação
Jornais	2 a 6 semanas
Embalagens de papel	1 a 4 meses
Casca de frutas	3 meses
Guardanapos de papel	3 meses
Pontas de cigarro	2 anos
Fósforo	2 anos
Chicletes	5 anos
Náilon	30 a 40 anos
Sacos e copos plásticos	200 a 450 anos
Latas de alumínio	100 a 500 anos
Tampas de garrafas	100 a 500 anos
Pilhas	100 a 500 anos
Vidro	Indeterminado

Tabela 6.1 – Tempo de degradação de componentes comuns do lixo doméstico. Fonte: Pinotti, 2010.

Entretanto, devemos ter em mente que, em princípio, não há problema em se consumir moderadamente produtos industrializados ou feitos com materiais sintéticos, como o plástico. O problema é o consumo exagerado ou sem consciência de tais produtos. Um exemplo típico disso seria a compra de um determinado produto embalado em isopor, enquanto o mesmo produto poderia ser adquirido com embalagem de papelão. É justamente nesse tipo de reflexão que as aulas de Ciências podem contribuir para que o aluno mude as suas atitudes, tendo mais consciência em relação ao que os seus atos podem provocar no meio e repensando seus padrões de consumo.

Porém, mesmo que toda a população mudasse os seus hábitos de consumo, ainda haveria uma enorme geração de lixo que deve ter uma destinação correta.

Para se realizar essa destinação adequada do lixo, é necessário se conhecer a classificação dos seus componentes quanto à origem, composição química, presença de umidade e toxicidade. De acordo com essa classificação, é definido qual será o orgão responsável que se encarregará de sua destinação final.

6.1 CLASSIFICAÇÃO DO LIXO

O lixo pode ser classificado de diversas formas, como, por exemplo, quanto a sua natureza física (seco ou molhado); por sua composição química (matéria orgânica ou matéria inorgânica) e pelos riscos potenciais ao meio ambiente. Esse último critério é dividido em três classes, de acordo com a Tabela 6.2.

Categoria	Características
Classe I (Perigosos)	Apresentam risco à saúde ou ao meio ambiente, caracterizando-se por possuir uma ou mais das seguintes propriedades: inflamabilidade, corrosividade, reatividade, toxicidade e patogenicidade.
Classe II (Nãoinertes)	Podem ter propriedades como: combustibilidade, biodegradabilidade ou solubilidade, porém, não se enquadram como resíduo I ou III.
Classe III (Inertes)	Não têm constituinte algum solubilizado em concentração superior ao padrão de potabilidade de águas.

Tabela 6.2 – *Classificação dos resíduos sólidos quanto à periculosidade. Fonte: ABNT, 1987.*

A responsabilidade do lixo é estabelecida de acordo com a classificação que é dada, em função da sua origem, a saber: domiciliar, comercial, varrição e feiras livres, serviços de saúde e hospitalar, portos, aeroportos e terminais ferroviários e rodoviários, industriais agrícolas e entulhos (CEMPRE, 2010).

O lixo **domiciliar** é aquele originado na vida diária das residências, constituído por restos de alimentos (cascas de frutas, verduras, sobras etc.), produtos deteriorados, jornais e revistas, garrafas, embalagens em geral, papel higiênico, fraldas descartáveis e uma grande diversidade de outros itens. O responsável pela destinação do lixo domiciliar é a prefeitura do município.

O lixo **comercial** é aquele originado nos diversos estabelecimentos comerciais e de serviços, tais como supermercados, estabelecimentos bancários, lojas, bares, restaurantes etc. O lixo desses locais tem grande quantidade de papel, plásticos, embalagens diversas e resíduos de asseio dos funcionários, tais como papel-toalha, papel higiênico etc. O responsável pela destinação do lixo comercial é a prefeitura do município.

ATENÇÃO

A Prefeitura é responsável por quantidades pequenas (geralmente inferiores a 50 kg) de acordo com a legislação municipal específica. Quantidades superiores são de responsabilidade do gerador.

O lixo **público** é aquele originado dos serviços de:

- Limpeza pública urbana, incluindo-se todos os resíduos de varrição das vias públicas; limpeza de praias; limpeza de galerias, córregos e terrenos; restos de podas de árvores; corpos de animais etc.;
- Limpeza de áreas de feiras livres, constituído por restos vegetais diversos, embalagens etc.

O responsável pela destinação do lixo público é a prefeitura do município.

Constituem o lixo gerado pelos serviços de saúde e hospitalar os resíduos sépticos, ou seja, aqueles que contêm ou potencialmente podem conter germes patogênicos, oriundos de locais como: hospitais, clínicas, laboratórios, farmácias, clínicas veterinárias, postos de saúde etc. Compõe-se de agulhas, seringas, gases, bandagens, algodões, órgãos e tecidos removidos, meios de culturas e animais usados em testes, sangue coagulado, luvas descartáveis, remédios com prazo de validade vencido, instrumentos de resina sintética, filmes fotográficos de raios X, etc.

Os resíduos assépticos desses locais, constituídos por papéis, restos da preparação de alimentos, resíduos de limpezas gerais (pós, cinzas, etc.) e outros materiais, desde que coletados segregadamente e que não entrem em contato direto com pacientes ou com os resíduos sépticos anteriormente descritos, são considerados resíduos domiciliares.

O responsável pela destinação do lixo dos serviços de saúde e/ou hospitalar é o próprio gerador.

O lixo de **portos, aeroportos e terminais rodoviários e ferroviários** é formado pelos resíduos sépticos, ou seja, aqueles que contêm ou potencialmente podem conter germes patogênicos, produzidos em suas dependências. Basicamente, constituem-se de materiais de higiene, asseio pessoal e restos de alimentos, que podem veicular doenças provenientes de outras cidades, estados e países.

Também nesse caso, os resíduos assépticos desses locais, desde que coletados segregadamente e que não entrem em contato direto com os resíduos sépticos anteriormente descritos, são considerados resíduos domiciliares. O responsável pela destinação do lixo dos portos, aeroportos e terminais rodoviários e ferroviários é o próprio gerador.

O lixo **industrial** é aquele originado nas atividades dos diversos ramos da indústria, tais como metalúrgica, química, petroquímica, papeleira, alimentícia etc.

O lixo industrial é bastante variado, podendo ser representado por cinzas, lodos, óleos, resíduos alcalinos ou ácidos, plásticos, papéis, madeiras, fibras, borrachas, metais, escórias, vidros e cerâmicas, etc. Nesta categoria inclui-se a grande maioria do lixo considerado tóxico. O responsável pela destinação do lixo industrial é o próprio gerador.

O lixo **agrícola** é formado pelos resíduos sólidos das atividades agrícolas e da pecuária. Incluem embalagens de fertilizantes e de defensivos agrícolas, rações, restos de colheita, etc. Em várias regiões do mundo, esses resíduos já constituem uma preocupação crescente, destacando-se as enormes quantidades de esterco animal geradas nas fazendas de pecuária intensiva.

As embalagens de agroquímicos, geralmente altamente tóxicos, têm sido alvo de legislação específica quanto aos cuidados na sua destinação final. A tendência mundial, nesse caso é corresponsabilização da indústria fabricante pela tarefa de destinação do lixo.

O **entulho** é o lixo da construção civil, composto por materiais de demolições, restos de obras, solos de escavações

Agroquímicos: produtos desenvolvidos pela indústria química com a finalidade de matar insetos, micro-organismos e espécies de plantas que possam atrapalhar o desenvolvimento da cultura na qual se tem interesse.

diversas, etc. O entulho é geralmente um material inerte, passível de reaproveitamento, e o responsável pela destinação final é o próprio gerador.

6.2 COMPOSIÇÃO DO LIXO

Para se realizar o gerenciamento adequado do lixo produzido em uma cidade e definir a destinação final mais adequada dos resíduos, é fundamental o conhecimento da composição do lixo. Com isso, a administração municipal pode desenvolver ações normativas, operacionais, financeiras e de planejamento, com base em critérios sanitários, ambientais e econômicos, para coletar, segregar, tratar e dispor o lixo de sua cidade. (CEMPRE, 2010)

A caracterização da composição do lixo de um país ou de uma cidade pode até indicar seu nível de desenvolvimento socioeconômico. A Figura 6.1 mostra uma comparação da composição do lixo produzido pela população do Brasil e dos Estados Unidos.

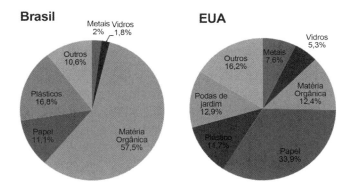

Figura 6.1 – *Gráfico que mostra a caracterização dos resíduos do Brasil e Estados Unidos, em 2006. Fonte: Instituto 5 elementos, 2010.*

Os dados apresentados na Figura 6.1 expressam bem as principais diferenças na geração de lixo de países com níveis econômicos desiguais.

Generalizando, sabemos que, quanto mais desenvolvido e industrializado for o país, maior será a quantidade de embalagens que o lixo terá, enquanto no país menos desenvolvido o lixo é predominantemente composto por matéria orgânica. A quantidade de lixo produzida pelos habitantes de países desenvolvidos também é bem maior. Em média, por exemplo, o brasileiro produz cerca da metade do lixo gerado pelos britânicos, pelos alemães e pelos italianos. Os Estados Unidos produzem mais de 700 kg/hab/ano, enquanto, no Brasil, o valor médio nas cidades mais populosas é da ordem de 284 kg/hab/ano (CEMPRE, 2008).

6.3 DESTINOS DO LIXO

Existem diversas formas de destinação final do lixo, conforme o esquema da Figura 6.2.

Figura 6.2 *– Formas de destinação final do lixo.*

Antes de detalharmos cada um desses possíveis destinos, apresentamos da Figura 6.3, constituída por um gráfico que representa a situação de destinação do lixo coletado no Brasil em 2000.

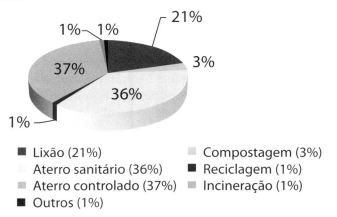

Figura 6.3 *– Destino do lixo no Brasil, no ano 2000.*

Lixão

Os lixões são depósitos a céu aberto onde o lixo urbano e/ou industrial é "jogado" deliberadamente, sem nenhum tipo de tratamento. É claro que este tipo de destino é o pior para o meio ambiente e para a saúde, uma vez que o lixo fica exposto, gerando maus odores, contaminando o solo e atraindo uma infinidade de seres transmissores de doenças.

Aterro sanitário

Aterro sanitário é um local devidamente projetado, segundo normas operacionais específicas, para acondicionar o lixo. O solo, antes de receber o lixo, é impermeabilizado, evitando infiltrações. São feitas tubulações para recolher o gás gerado pela decomposição do lixo (metano) e o chorume. O lixo é colocado em camadas predefinidas e coberto com terra. Quando o aterro sanitário atinge a sua capacidade máxima de recepção de lixo, ele é fechado, e sua área pode ser aproveitada para diversos fins, como abrigar um parque, por exemplo.

> **Chorume:** líquido formado a partir da decomposição de matéria orgânica presente no lixo.

Em aterros sanitários é possível se aproveitar o gás metano gerado, chamado nesse caso de biogás, para gerar energia elétrica, em uma usina termoelétrica construída no aterro. Na cidade de São Paulo existem, atualmente, duas usinas deste tipo em funcionamento em dois aterros sanitários já fechados– os aterros Bandeirantes e São João.

Aterro controlado

Aterro controlado é um tipo de aterro sanitário, com estrutura semelhante, porém com a diferença de que, no local, antes funcionava um Lixão. Assim, devido à presença prévia de lixo, ao se implantar o aterro não é possível impermeabilizar o solo antes do início da colocação do lixo.

Incineração

No processo de incineração o lixo é queimado em incineradores apropriados. O resíduo restante é encaminhado para os aterros. Esse processo, embora diminua muito o volume do lixo, pode poluir a atmosfera, se não houver controle dos gases emitidos.

Existe a possibilidade de aproveitar os gases gerados na incineração para se gerar energia elétrica. Alguns países, como a Alemanha, Holanda e Espanha já fazem isso regularmente. No Brasil, atualmente, há incineradores somente para lixo hospitalar e industrial. Mas existe um projeto de instalação em São Bernardo do Campo (na Grande São Paulo) de um incinerador para lixo doméstico, com a respectiva usina de geração de energia, para 2012.

Compostagem

Compostagem é o processo pelo qual o lixo orgânico é transformado em adubo. Esse processo pode ser feito em grande escala, em usinas de compostagem. É possível fazer compostagem em pequena escala no próprio quintal de casa.

As usinas de compostagem são um destino muito interessante para o lixo, mas se o lixo eletrônico não for separado do lixo orgânico haverá a contaminação do adubo por metais pesados, que são muito tóxicos.

Lamentavelmente, no Brasil, temos pouquíssimas usinas de compostagem ativas. Em comparação, em países com gerenciamento de lixo avançado, como a Alemanha, por exemplo, dos 566 kg de lixo produzidos per capita/ano, apenas 0,7% vão para aterros, enquanto 67,7% vão para a compostagem e reciclagem e 31,6% são incinerados com recuperação de energia.

Reciclagem

A reciclagem consiste em transformar um material do lixo de forma a poder confeccionar novos objetos com ele. É claro que a reciclagem é um bom destino para o lixo, no entanto, é fundamental termos em mente que o ideal é diminuir a quantidade de lixo que teria de ser reciclada. Nesse sentido, entram as atitudes relacionadas aos 5Rs: Repensar, Recusar, Reduzir, Reutilizar e Reciclar.

ATENÇÃO
Eram 3 Rs, agora o Repensar e Recusar foram acrescentados.

Os alunos precisam ter consciência de que Reciclar é a última atitude, quando não foi possível implementar as outras 4 expressas pelos Rs anteriores. Afinal – nunca é demais lembrar –, vivemos em uma sociedade extremamente consumista, e o hábito de adquirir produtos supérfluos já vem se estabelecendo desde a mais tenra idade, portanto é muito pertinente trabalhar essas atitudes com os alunos do ciclo II, buscando conscientizá-los da importância de adotarem atitudes menos consumistas. Além disso, convém ressaltar, que nem todo o material é reciclável.

Em relação à reciclagem propriamente dita, é importante iniciar o estudo do processo explicando ou relembrando aos alunos quais são os recursos naturais necessários para a produção dos materiais recicláveis, pois muitos deles não sabem, por exemplo, que a areia é usada na fabricação do vidro. Além disso, uma das principais vantagens da reciclagem é justamente a preservação desses recursos. Inclusive, este assunto tem uma ligação muito forte com o que abordamos no Capítulo 5, sobre metais, pois todos os metais são recicláveis e obtidos de reservas naturais em esgotamento.

A seguir, apresentamos a Tabela 6.3, com um resumo das principais vantagens e desvantagens dos destinos comentados.

Destino	Principais vantagens	Principais desvantagens
Lixão	é um péssimo destino, porém tem baixo custo	contaminação do solo e da água; disseminação de doenças; ocupa muito espaço
Aterro controlado	projeto simples; menor custo que o aterro sanitário	ocupa muito espaço; contaminação do solo e da água; não há tratamento dos efluentes
Aterro sanitário	não há contaminação do solo e da água; terreno pode ser usado após o fechamento	ocupa muito espaço
Compostagem	diminui muito o lixo enviado aos aterros; reaproveitamento do lixo orgânico; obtenção de adubo	adubo pobre em nutrientes; possível contaminação do adubo com metais pesados**
Incineração	diminui o volume do lixo	polui a atmosfera; corrosão de equipamentos
Reciclagem	diminui o lixo enviado aos aterros; economia de energia, de matéria--prima e de recursos naturais na produção	materiais muito heterogêneos; grande volume de materiais para serem estocados

** Se o lixo eletrônico (por exemplo, pilhas e baterias) for separado, esse problema é eliminado.

Tabela 6.3 – *Vantagens e desvantagens de destinos do lixo*

6.4. ATIVIDADE PROPOSTA

a. Atividade

Observação da geração e da decomposição de lixo.

b. Objetivos
- Perceber a quantidade de lixo gerada por nós em nosso dia-a-dia.
- Comparar a decomposição de diferentes materiais.

c. Desenvolvimento

1ª ETAPA:

Os alunos se dividem em pequenos grupos e o professor pede que cada grupo fique encarregado de observar o lixo de diferentes setores da escola: banheiros, secretaria, cozinha, salas de aula, pátio, sala dos professores, corredores e outros. O lixo deve ser observado em termos de composição e quantidade gerada, por um período de dez dias.

Paralelamente, no mesmo período, o docente pede aos alunos que realizem o mesmo procedimento em relação ao lixo de suas casas. Essas observações devem ser registradas em uma tabela pré-elaborada coletivamente em sala de aula. Após a realização, todos os alunos trazem os resultados para a sala de aula e professor e alunos, conjuntamente, sistematizam os dados coletados em duas tabelas na lousa, uma para casa e outra para a escola. Nas tabelas de casa, também devem constar o número de moradores. O professor, a partir dos resultados obtidos, pode extrapolar para a quantidade de lixo gerada na cidade inteira.

> **ATENÇÃO**
> *No momento da sistematização dos dados, o professor deve pedir aos alunos que falem os resultados colhidos em suas casas voluntariamente, tomando cuidado para não invadir a privacidade deles.*

Essa verificação tem como objetivo principal fazer com que os alunos percebam a grande quantidade de lixo que é gerada por nós diariamente e, assim, aproximar a problemática do lixo. Embora simples, é uma atividade muito importante, pois um aluno dessa faixa etária ainda não tem noção de que a geração de lixo é um problema sério, devido à sua enorme quantidade, pois essa é uma questão razoavelmente abstrata para ele. Assim, essa observação transforma o problema em algo concreto, palpável.

> **ATENÇÃO**
> *Outra atividade que pode contribuir para dar essa noção de quantidade aos alunos é realizar uma visita monitorada a um aterro (sanitário ou controlado), pois a quantidade de lixo que chega em caminhões é imensa e nos causa até um certo "desconforto". É uma visita bastante impactante.*

Para os alunos nessa faixa etária, milhares de toneladas de lixo produzidas diariamente em uma cidade não têm muito significado, pois esse é um valor muito abstrato para eles, por isso, devemos realizar atividades que permitam a visualização dessa situação. Com essa atividade, além de observar a quantidade de lixo gerada, eles também perceberão quais são os principais materiais que o compõe. Na 3ª etapa, será proposto um experimento para comparar o tempo de decomposição de diferentes materiais.

2ª ETAPA:

Os alunos devem levar revistas e jornais para a sala de aula. Em pequenos grupos devem selecionar e recortar propagandas dos mais variados produtos. Então fazem uma colagem desses anúncios em uma cartolina. Cada grupo coloca a sua cartolina pendurada na parede da classe.

A partir da observação desses cartazes, o professor orienta uma discussão coletiva envolvendo algumas questões, como:

- Que tipo de estilo de vida a publicidade incentiva?
- Como são as pessoas nas propagandas? Elas parecem reais?
- Os produtos anunciados são realmente necessários? Para que tipos de pessoas?
- Que atitudes as pessoas que compram muitos desses produtos têm?
- Como os 5Rs poderiam ser aplicados em algumas dessas propagandas?

Essa discussão visa fazer com que os alunos reflitam sobre o consumismo exagerado da sociedade como um todo, sobre as pressões que eles próprios sofrem nesse sentido, dos amigos, dos colegas, dos pais etc. O professor também pode discutir como eles podem lidar melhor com essas pressões. E todos podem, conjuntamente, pensarem na possibilidade de serem menos consumistas.

3ª ETAPA:

Experimento: **Decomposição de materiais do lixo**
Objetivo:
- Verificar a decomposição de diferentes materiais.

Procedimento:
- Pegue 5 garrafas PET grandes incolores e corte-as de forma que fiquem a uma altura de cerca de 20 cm.
- Numere cada uma de 1 a 5.
- Coloque, em cada garrafa, cerca de 5 cm de terra molhada.
- Coloque sobre a terra de cada garrafa os seguintes materiais,

de acordo com o número da garrafa. Na 1: pão e rodelas de tomate; na 2: vários papéis picados; na 3: pregos, tampa de lata, lata amassada; na 4: copo de plástico e sacola plástica amassados e na 5: pedaços de vidros quebrados. Todos os materiais colocados devem ficar encostados no plástico da garrafa de forma a ficarem visíveis externamente.

- Cubra os materiais de cada garrafa com a terra molhada.
- Observe-as uma vez por semana, durante, pelo menos, um mês. A cada observação "regue-as" com água. Anote.

Nesse experimento, espera-se que seja possível perceber que o material orgânico da garrafa 1 se decompõe facilmente, o da garrafa 2 pode apresentar algum início de decomposição, o da 3 pode apresentar enferrujamento e os da 4 e 5 não terão sofrido nenhuma alteração. É claro que o tempo de observação do experimento é muito curto, mas as suas observações podem servir de gancho para o início do estudo de diferentes tempos de decomposição dos materiais.

d. Avaliação

O professor pode pedir que os alunos entreguem os resultados coletados tanto do levantamento da geração de lixo, quanto do experimento por escrito.

PARA FINALIZAR...

Esse tipo de assunto é bastante profícuo em termos de desenvolvimento de posturas positivas em relação ao meio ambiente e a si mesmo, uma vez que envolve diversos aspectos ambientais e atitudinais. Nas atividades propostas no capítulo, tentamos mesclar esses múltiplos enfoques inerentes ao tema.

Buscamos também, ao longo do capítulo, fornecer alguns dados e informações que possam fundamentar e facilitar o trabalho do professor.

Dentre esses, comparamos alguns possíveis destinos para o lixo e observamos que a reciclagem e a compostagem são ambientalmente os mais vantajosos, porém ainda muito pouco implementadas no Brasil, sobretudo a compostagem.

Mas, como já comentamos, embora a reciclagem seja um bom destino para o lixo, o ideal é que menos lixo seja gerado. E o professor de Ciências pode ter uma atuação bastante importante na formação de um cidadão mais consciente e menos consumista.

6.5. SUGESTÕES DE LEITURA E SITES

Sugerimos a leitura de:

MANO, E. B. et al. **Meio ambiente, poluição e reciclagem**. 2. ed. São Paulo: Edgard Blucher, 2010.

A Cempre (Compromisso empresarial para a reciclagem) tem um site com informações úteis sobre reciclagem, que tem, inclusive, o catálogo de uma boa biblioteca sobre o assunto que pode ser acessado em:<http://www.cempre.org.br>.

No site da Cempre também há um jogo de educação ambiental: "Jogo do Reciclino", para ser "baixado", que pode ser utilizado com os alunos. Disponível em: <http://www.cempre.org.br/download/jogo_reciclino.pdf>.

O site da Unijuí,<http://www.projetos.unijui.edu.br/gipec/sit-estudo/selixo/gipec-se-rot-gg.htm>, apresenta várias atividades didáticas muito interessantes sobre lixo.

O Instituto 5 Elementos – uma ONG de Educação Ambiental – disponibiliza diversos materiais impressos e DVDs muito interessantes para download, acesso pela página:

<http://www.5elementos.org.br>. Esse instituto também produziu alguns jogos interessantes sobre educação ambiental. Você pode obter informações sobre eles na página: <http://www.5elementos.org.br/5elementos/eco_jogos.asp>.

6.6. BIBLIOGRAFIA CONSULTADA

5 ELEMENTOS. **Consumo sustentável**: manual de atividades para o professor. São Paulo: Imprensa Oficial do Estado de São Paulo: 5 Elementos – Instituto de Educação e Pesquisa Ambiental, 2009.

BRASIL, Secretaria de Educação Fundamental. **Parâmetros curriculares nacionais**: Ciências Naturais. Brasília: MEC/ SEF, 1998.

CEMPRE. Lixo Municipal: **Manual de gerenciamento integrado**, 3. ed. São Paulo: CEMPRE, 2010.

FADINI, P. S.; FADINI, A. A. B. Lixo: desafios e compromissos. **Cadernos Temáticos de Química Nova na Escola**, n. 1. p. 9-18. maio 2001.

LIMA, M. E. C. C. et al. **Aprender ciências**: um mundo de materiais. Belo Horizonte: Editora da UFMG, 1999.

PINOTTI, R. **Educação ambiental para o século XXI**. São Paulo: Editora Blucher, 2010.

7

Estudo do meio no ensino de Ciências: uma metodologia alternativa

Vimos, no primeiro capítulo, que a temática da água é extremamente relevante na sociedade e na escola atual e pode funcionar como ponto de partida para a abordagem de muitos conhecimentos científicos, por isso, neste capítulo, retomaremos o seu estudo sob outro ângulo, usando uma metodologia específica de ensino: o estudo do meio.

Por sua rica estrutura, o estudo do meio permite que habilidades como:

- a investigação e intervenção em situações reais, envolvendo o diagnóstico e o enfrentamento de problemas concretos;
- a identificação das dimensões econômicas, sociais, políticas, éticas em questões técnicas e científicas;
- o registro e a apresentação de medidas e observações;
- a sistematização de dados,
- a capacidade de argumentação;
- a capacidade de trabalhar em grupo;

que devem ser desenvolvidas pelo ensino de Ciências (BRASIL, 1998; SÃO PAULO, 2008), sejam trabalhadas de forma simultânea e bastante eficaz.

ATENÇÃO

Certamente algumas das habilidades citadas devem ser desenvolvidas por diversos componentes curriculares, não somente por Ciências.

> **ATENÇÃO**
>
> *Naturalmente a realização de uma visita monitorada tem seu valor pedagógico e pode ser muito interessante e motivadora, mas não se enquadra dentro da metodologia do estudo do meio abordada aqui.*

Antes de tudo, precisamos desfazer um equívoco bastante comum. O estudo do meio (PONTUSCHKA, 1994) ao qual estamos nos referindo não significa uma simples visita a um local predefinido, como, por exemplo, um aquário, um zoológico, uma estação de tratamento de água ou uma indústria. O estudo do meio é muito mais do que isso. Ele é uma proposta metodológica, portanto traz dentro de si concepções particulares de conhecimento, aprendizagem, papel do aluno e do professor. Concepções essas que, para serem atendidas, demandam um processo de ensino-aprendizagem baseado sobretudo na participação consciente e ativa do aluno e na mediação do professor entre o conhecimento e o aprendiz. Assim sendo, para ser devidamente executado, um estudo do meio envolve uma sequência de estratégias, metodologicamente concatenadas. Resumidamente, as etapas básicas do estudo do meio são: 1ª, planejamento; 2ª, visita ao local; e 3ª, organização dos dados coletados.

Precisamos ressaltar que essas etapas devem ser executadas de forma a atender às concepções metodológicas antes comentadas. A simples confirmação de informações já adquiridas, mesmo que contemple essas três etapas, não é um estudo do meio, é apenas uma verificação *in loco* de uma situação já estudada anteriormente.

Desse modo, um estudo do meio é necessariamente uma atividade de caráter investigativo, por isso envolve também uma metodologia de pesquisa, com o levantamento de questões a serem examinadas, obtenção de novos conhecimentos (dados), e a interpretação e organização destes. (BRASIL, 1998).

Nesse sentido, a postura dos alunos no estudo do meio será a de pesquisadores, que têm consciência de que conhecem apenas alguns elementos da situação a ser estudada e irão ao local coletar os dados com a mente aberta aos novos fatos que surgirão, sabendo que esses novos fatos irão auxiliá-los na formação de um panorama mais amplo da questão, que envolve aspectos científicos, ambientais, políticos, sociais e econômicos.

O estudo do meio, quando adequadamente orientado, necessariamente induz a participação ativa do aluno e a sua integração com os colegas, pois todo o trabalho é desenvolvido em pequenas equipes. O trabalho em grupos ganha um colorido especial no estudo do meio, pois cada componente do grupo terá tarefas específicas a cumprir e todos terão de realizá-las a contento para que a saída seja bem-sucedida. Por isso, fica praticamente impossível não se comprometer com o trabalho, deixando tudo a cargo dos outros colegas.

Além disso tudo, é um trabalho de natureza interdisciplinar, pois, como já foi dito, para compreender o problema a ser estudado será necessário inter-relacionar conhecimentos de várias áreas.

A seguir, descreveremos as etapas de um estudo do meio genericamente e depois daremos um exemplo de uma aplicação desse método.

7.1. ETAPAS DO ESTUDO DO MEIO

Como já mencionamos anteriormente, o estudo do meio apresenta três etapas básicas, preparação, saída e organização do material coletado. Vejamos como se dispõe cada uma delas.

Primeira etapa: preparação

Antes de qualquer coisa o professor deve escolher o local a ser visitado para a realização do estudo. O lugar escolhido deve possibilitar que seja feita a investigação de algum problema a partir dele. Feita a escolha, é fundamental que o professor visite o local antes da realização do estudo, para reconhecimento do espaço e obtenção de algumas informações que podem ser úteis para o encaminhamento do trabalho.

O ponto de partida do estudo do meio deve ser a delimitação do problema a ser estudado, que pode ser feita pelo professor ou pela classe coletivamente, a partir da proposta de visita a determinado local. Em qualquer dessas duas perspectivas, antes do início do planejamento propriamente dito, os alunos devem ter acesso a algumas informações básicas relacionadas ao local e à sua problemática. A forma de obtenção dessas informações pode variar, e dependerá da opção do professor, ou professores envolvidos no trabalho. Existem várias possibilidades, como, por exemplo, as seguintes: o professor pode explorar o que os alunos já sabem sobre o local, pedindo que façam desenhos ou textos e depois pode expor informações complementares; ou os alunos podem ser orientados a buscar as informações em livros, jornais, revistas, Internet e outros meios; ou o professor pode pedir que os alunos leiam um livro paradidático relacionado ao assunto; ou ainda o professor pode convidar um especialista para conversar sobre o tema com a classe.

De posse dessas informações, é feita a delimitação do problema, por meio de discussões entre os alunos e o professor, que podem envolver pequenos grupos de alunos ou não. Às vezes, nesse momento, o problema ainda não fica totalmente

---

ATENÇÃO

Aqui cabe destacar que há uma diferença entre um enfoque interdisciplinar e multidisciplinar. O interdisciplinar implica no estabelecimento de relações entre conhecimentos de duas ou mais disciplinas, enquanto o multidisciplinar implica apenas no envolvimento de duas ou mais disciplinas, sem relacioná-las. No estudo do meio se quer um enfoque interdisciplinar, portanto não é obrigatório que professores de várias disciplinas atuem juntos, mas sim que o professor que for conduzir o trabalho tenha uma visão interdisciplinar da questão e encaminhe o trabalho nessa direção.

ATENÇÃO

Lembramos que o estudo do meio pode ser conduzido por um ou mais professores, mas é fundamental que cada um deles tenha um entendimento interdisciplinar do problema, e não apenas a visão fragmentada da sua própria disciplina.

claro para os alunos, mas à medida que a fase de preparação segue seu curso eles vão se apropriando de seu significado.

Após o problema (ou problemas) ser estabelecido é preciso obrigatoriamente que os alunos formem pequenos grupos, que seguirão juntos por todo o restante do trabalho. Esses pequenos grupos, sempre orientados pelo professor, irão elaborar um roteiro de pesquisa detalhado, que contemple todas as atividades a serem realizadas na saída, inclusive predefinindo parte dos aspectos que deverão ser observados e/ou analisados. Nesse momento, os alunos, dentro dos grupos, dividem as tarefas e também definem quem levará os equipamentos necessários para coleta dos dados, por exemplo, máquina fotográfica, cadernos para anotações, eventualmente filmadora e gravador. E também lanches, sacos para lixo.

> **ATENÇÃO**
>
> O professor pode optar por estudar diferentes problemas, distribuindo-os entre os grupos de alunos, por exemplo.

Esse também é o momento da elaboração das perguntas para a realização de entrevistas com pessoas no local, uma técnica de coleta de dados muito interessante e frutífera. As pessoas a serem entrevistadas devem ser representativas de tipos humanos específicos do local, e são definidas pelo professor e alunos coletivamente; e divididas entre os pequenos grupos, de forma que cada grupo fique com tipos diferentes. As perguntas dessas entrevistas são elaboradas pelos grupos e naturalmente, devem tratar de temas relacionados ao problema em questão.

É importante que o professor converse com os alunos sobre a forma de abordar os entrevistados e de conduzir as entrevistas, ressaltar para os alunos que isso deve ser feito com extrema delicadeza, educação e respeito. O professor também deve lembrá-los de que eles devem respeitar o local que irão visitar, sem destruí-lo, sujá-lo, interferindo no espaço o mínimo possível. Ele também deve lembrar aos alunos que eles devem ir trajados com roupas e calçados adequados ao local.

Segunda etapa: visita ao local escolhido

Esse é o momento da saída propriamente dita. Nesse dia, antes de partirem, o professor confere se cada grupo está com todo o material necessário e relembra algumas recomendações.

> **ATENÇÃO**
>
> Mesmo que, na realização da atividade, esteja envolvido apenas um professor, dependendo do local visitado, no dia da saída é conveniente que vários participem, para acompanhar os grupos durante o trabalho.

Durante a visita, seria muito bom se cada grupo tivesse autonomia para tirar as fotos, fazer as entrevistas, análises, enfim, efetuar a coleta de dados livremente. Porém o grau dessa liberdade dependerá da faixa etária dos alunos, do local visitado e do número de professores acompanhantes. Mas, mesmo que, por uma questão de segurança, cada grupo tenha de ser acompanhado por um adulto responsável, este deve ficar neutro, não interferindo no trabalho, mantendo uma relativa distância, especialmente durante a realização das entrevistas, para não inibir os alunos.

Ao final da saída, o professor relembra aos alunos que eles devem levar todos os dados coletados para as aulas seguintes à visita.

Terceira etapa: organização do material coletado

As aulas, após a saída, serão destinadas organização e à interpretação de todo o material coletado. Essa é uma etapa muito importante e talvez a mais difícil de ser conduzida pelo professor, pois é nela que os alunos terão de "costurar" todas as novas informações obtidas durante a saída com as adquiridas antes dela, de forma a conseguir possíveis "respostas" para os problemas investigados.

Cada grupo possui fotos, impressões visuais expressas por escrito, entrevistas, às vezes uma análise biológica ou química de algum material coletado, eventualmente filmagens, enfim uma gama de informações que devem ser cuidadosamente sistematizadas para que adquiram pleno sentido.

Em um primeiro momento, o professor deve propor aos alunos que eles organizem tudo isso dentro dos pequenos grupos, encontrando significados para o que obtiveram, estabelecendo relações entre o que viram, o que ouviram, o que analisaram, fazendo conexões com o que já sabiam a respeito da região estudada e as novas informações. Nesse momento, também deve ser feito um compartilhamento das entrevistas entre os grupos, uma vez que cada um entrevistou tipos humanos diferentes.

Na sequência, o professor e a classe podem discutir coletivamente as conclusões a que chegaram e propõem possíveis soluções para os problemas detectados na região visitada.

E, para coroar todo o trabalho, a classe pode apresentar esses resultados para o restante da escola. O formato dessa apresentação e o público-alvo, devem ser decididos coletivamente pela classe toda. Pode ser feita uma exposição, um jornal, uma mostra, um livro, uma peça teatral, um vídeo, dependendo do tempo disponível, dos recursos de que a escola dispõe, das aptidões dos alunos. Qualquer que seja a forma escolhida, ela é muito importante no processo, pois contribui para que o aluno se enxergue como sujeito participativo e

ATENÇÃO

Mesmo que, durante o trabalho, o vídeo tenha sido dirigido somente pelo professor de Ciências, dependendo do tipo de apresentação escolhida, às vezes é necessário pedir a colaboração de um professor de outra área, o que pode enriquecer ainda mais a atividade.

compromissado com a realidade de seu meio. Além de que, normalmente, apresentações desse tipo, costumam elevar a autoestima do aluno e ser muito motivadoras para os alunos e professores envolvidos.

7.2. ATIVIDADE PROPOSTA

a. Atividade

Estudo do meio em região de moradias irregulares às margens de uma represa, por exemplo, represa Billings na RMSP.

b. Objetivos

Desenvolver um estudo do meio em uma área degradada de proteção de manancial, invadida por moradias irregulares, para investigar as seguintes questões:

Qual é o impacto da ocupação humana em uma região de manancial na qualidade da água e do solo?

O que pode ser feito para minimizar esse impacto?

c. Desenvolvimento

1ª Etapa: Preparação

O professor escolhe e visita sozinho um local às margens da Represa, no qual há um grande número de residências, casas comerciais, pessoas transitando e lixo jogado na beira da represa; também pode haver um córrego poluído que deságua na represa.

Após a escolha, o professor faz um levantamento de informações sobre a região, incluindo mapas, dados sobre condições de saneamento básico e legislação sobre o assunto. Seleciona o que for relevante e expõe de forma dialogada aos alunos, juntamente com o problema a ser investigado. Explica que, para isso, terão de fazer uma caracterização completa do local, coletando informações que serão analisadas em classe, depois da saída, e abre uma discussão coletiva com a classe pedindo que os alunos sugiram estratégias para a sua execução. Nesse momento, os alunos provavelmente irão sugerir a execução de experimentos com a água, a observação visual e o registro fotográfico da região. Dificilmente eles irão propor a realização de entrevistas, então o professor sugere sua realização, e todos definem os tipos humanos a serem entrevistados, que nesse caso poderiam ser: um morador antigo da região, um morador recente, um comerciante, um morador adolescente, uma criança moradora, um morador idoso.

Manancial: fonte de águas, superficiais ou subterrâneas, utilizada para abastecimento humano e manutenção de atividades econômicas. As áreas de mananciais compreendem as porções do território percorridas e drenadas pelos cursos d´água, desde as nascentes até os rios e represas.

ATENÇÃO

Infelizmente existem, de fato, locais com essas características em cercanias de diversas represas no Brasil.

Cada grupo de alunos terá de fazer, pelo menos, uma entrevista, assim, dependendo do número de grupos, pode ser necessário fazer duas entrevistas com o mesmo tipo humano. Todos definem perguntas básicas que todas as entrevistas devem conter. Nesse caso algumas podem ser:

1. Há quanto tempo você mora (ou trabalha) aqui?
2. Quais mudanças você percebeu que ocorreram aqui na região ao longo desse tempo?
3. Especificamente em relação à aparência e ao cheiro da água da represa, o que mudou?
4. O que você acha das condições de higiene da região?
5. Você sabe o que é rede coletora de esgotos? Aqui existe esta rede? Caso tenha, a sua casa está ligada a ela?

Caso alguma resposta da questão 5 tenha sido negativa, é feita a pergunta 6.

6. Para onde vai o esgoto da sua casa (ou comércio)? Para uma fossa? Se for, que tipo de fossa? Para o córrego? Para a represa?
7. Aqui há coleta de lixo? Qual é a frequência?
8. Qual é a sua escolaridade?

Naturalmente, essas perguntas são apenas exemplos, e devem ser flexíveis, dependendo das respostas que o entrevistado der, os alunos podem ir redirecionando a entrevista, acrescentando outras perguntas ou modificando as existentes.

Para observar a região, é necessário que seja elaborado um roteiro para nortear as observações dos alunos. Segue um exemplo de roteiro a seguir.

Roteiro 1 – Caracterização prévia da região

Tipos de ocupação e usos do solo	Detalhe o que estiver presente
1. Vegetação nativa típica da região, vegetação plantada ou cultivada às margens da represa.	
2. Indústrias grandes ou pequenas.	
3. Clubes/ parques e áreas de lazer.	
4. Casas com bom acabamento, em terrenos ajardinados.	

Tipos de ocupação e usos do solo	Detalhe o que estiver presente
5. Ruas asfaltadas, com calçadas e bocas de lobo.	
6. Ruas sem asfalto, sem calçadas.	
7. Casas sem acabamento em terrenos com o solo aparente.	
8. Acúmulo de lixo.	
9. Áreas cultivadas.	
10. Outras formas de ocupação ou usos.	

Além de registrarem por escrito suas observações, os grupos também deverão tirar fotos, que contribuirão muito para a caracterização do local.

Para a verificação da qualidade da água da represa, os alunos, auxiliados pelo professor, devem coletar uma amostra de água de um ponto próximo à margem para realizar alguns testes. É interessante que cada grupo faça essa coleta em pontos diferentes para depois compararem os resultados.

Inicialmente, eles podem fazer alguns testes e observações preliminares, como os sugeridos no Roteiro 2.

Roteiro 2 – Observações preliminares

Condições da água	Detalhe o que estiver presente
A água está escura. Se você pegar um pouco, num copo de vidro, vai notar que ela continua escura.	
A água está escura. Se você pegar um pouco, num copo de vidro, vai notar que ela ficou mais clara e as partículas se depositam no fundo do copo.	
A água está cheirando mal, com cheiro de ovo podre.	
A água está coberta de plantas aquáticas e sua coloração está muito esverdeada.	
Lixo na superfície da água.	
Esgotos domésticos desembocando na represa.	

Depois eles podem fazer algumas análises simples de alguns parâmetros de qualidade da água, segundo o Roteiro 3, mostrado a seguir. O professor deve explicar aos alunos o que significam estes parâmetros e o procedimento que será utilizado para efetuar as análises.

Roteiro 3– Verificação da qualidade da água da represa

Nome do grupo: _____

Data: _____ Local: _____

Condições climáticas: _____

Parâmetros	Resultado
temperatura ambiente	
temperatura da água	
pH da água	
coliformes fecais	
oxigênio dissolvido	
amônia (NH_3)	
nitrito (NO_2^-)	
nitrato (NO_3^-)	

Para facilitar o trabalho do professor, explicaremos, a seguir, o significado e a importância dos parâmetros apresentados no Roteiro 3.

Os critérios de proteção à vida aquática fixam uma faixa de **pH** entre 6 e 9. Se o valor do pH da água atingir valores fora dessa faixa, as espécies aquáticas podem ser afetadas fisiologicamente. Além disso, determinadas condições de pH podem contribuir para a precipitação de substâncias tóxicas, como metais pesados, ou mesmo interferir na solubilidade de nutrientes nas águas, afetando assim a vida presente de forma indireta.

Precipitação: reação química na qual ocorre a formação de um composto sólido.

As bactérias denominadas **coliformes fecais** são encontradas, como o próprio nome diz, nas fezes, e sua presença indica a possibilidade da existência de micro-organismos patogênicos presentes em fezes humanas, transmissores de várias doenças de veiculação hídrica.

O teor de **oxigênio dissolvido** (OD) deve estar em níveis adequados para ser possível manter a vida aquática. Como já vimos no Capítulo 1, a descarga de esgotos domésticos (matéria orgânica) no curso d´água pode abaixar drasticamente a quantidade de oxigênio dissolvido na água, portanto teores de OD baixos podem ser indicativos de lançamento de esgoto doméstico no local.

Os parâmetros **amônia (NH_3), nitrito (NO_2^-)** e **nitrato (NO_3^-)** são relacionados à presença de poluição por esgotos domésticos na água, pois esses esgotos são a principal fonte de nitrogênio (N) nesse meio. Como vemos, há uma diferença no número de átomos de oxigênio presentes na fórmula de cada um destes compostos, isso se deve à diferença no grau de oxidação de cada um. O nitrato é mais oxidado que o nitrito, que por sua vez, é mais oxidado que a amônia. Na prática, essa diferença serve para indicar a idade do lançamento do esgoto doméstico. Quando há amônia (NH_3), isso significa que a poluição foi lançada recentemente, pois a NH_3 ainda não foi oxidada. Se houver nitrito (NO_2^-) a poluição já é um pouco mais antiga e a presença de nitrato (NO_3^-) indica que o lançamento é mais antigo ainda. Interessante, não?

2ª ETAPA: VISITA À REGIÃO ESCOLHIDA DA REPRESA

Antes da saída, o professor verifica se cada grupo trouxe todo o material necessário: roteiros para observação e análise, caderno, caneta, questões das entrevistas e máquina fotográfica. Ele também distribui os Kits para análise.

ATENÇÃO
Na seção 7.3 indicamos como este Kit pode ser obtido

Para completar todo o trabalho, serão necessárias aproximadamente 2h, somando, a isso, o tempo do percurso até o local, a visita poderá ser um pouco demorada, por isso, é conveniente que os alunos levem um lanche e também sacolas plásticas para jogarem seu lixo. O professor verificará isso também.

Devido ao local ser amplo e aberto, para acompanhar os alunos seria adequado que além do professor de Ciências, organizador do trabalho, outros adultos responsáveis não obrigatoriamente professores, fossem junto. Esses adultos podem ser pais de alunos, coordenadores pedagógicos, inspetores, enfim, pessoas a fim de ajudar a cuidar dos alunos. O ideal seria que cada grupo tivesse um adulto responsável, assim, ao chegar ao local, o professor de Ciências poderia combinar um ponto e horário de encontro e cada grupo partiria para realizar seus trabalhos independentemente. Lembrando que esse adulto seria apenas um observador distante, para não atrapalhar ou inibir os alunos.

3ª ETAPA: ORGANIZAÇÃO DO MATERIAL COLETADO

Como os grupos fizeram entrevistas diferentes e análises da água em pontos diferentes, inicialmente, pode ser feito um compartilhamento dessas informações entre os grupos, para que todos tenham uma visão mais geral das observações. Após essa troca o professor pode sugerir aos alunos que montem um relatório em cada grupo, os tópicos para esse relatório podem ser definidos coletivamente. Nessa discussão, o professor e os alunos devem retomar os problemas que estavam sendo investigados: "Qual é o impacto da ocupação humana em uma região de manancial na qualidade da água e do solo? O que pode ser feito para minimizar este impacto?" Lembrando que este relatório tratará da primeira questão e a segunda questão será discutida depois.

> **ATENÇÃO**
>
> *É importante salientar que esse relatório é um valioso instrumento para que todas as observações e as análises ganhem significado e sejam sistematizadas pelos alunos, "amarrando" todo o material obtido.*

Um modelo possível para esse relatório seria o seguinte:

I. Objetivos

II. Caracterização do local

III. Entrevistas e análise

IV. Análise da água

V. Conclusões

Esse relatório deve ser feito em sala de aula para que o professor possa auxiliar os grupos. Depois de concluído, o professor orienta uma discussão que enfocará a segunda questão do problema: "O que pode ser feito para minimizar este impacto?". As sugestões podem enfocar atitudes dos próprios moradores, dos governos, de ONGs, enfim, não existem respostas preestabelecidas para essa questão. Mas é importante que os alunos aprendam que existem muitas variáveis envolvidas em um problema como esse, e que todas devem ser levadas em conta.

Depois de tudo isso os alunos podem confeccionar cartazes com todo o trabalho e apresentá-los para outras séries da escola.

d. Avaliação

A avaliação pode ser feita pelo grau de envolvimento de cada aluno em cada etapa do trabalho e pela qualidade do relatório e dos cartazes produzidos.

> **PARA FINALIZAR...**
>
> Como vimos, a metodologia do estudo do meio, quando conduzida adequadamente, pode contribuir muito para o desenvolvimento de várias competências e habilidades muito importantes. Esse tipo de trabalho pode ser feito por qualquer disciplina, mas em Ciências ele assume um papel absolutamente fundamental, pois os conteúdos abordados em Ciências permitem uma conexão direta com a realidade da sociedade, o que é amplamente possibilitado por um estudo do meio.
>
> Por sua própria natureza, o estudo do meio pode ser aplicado em qualquer série, com a devida profundidade. Especificamente, o trabalho com o tema exemplificado também pode percorrer todas as séries do ciclo II do ensino fundamental, por ser um tema ambiental e envolver questões relacionadas à problemática da água.

7.3 SUGESTÕES DE LEITURA E SITES

Para saber mais sobre o estudo do meio no ensino de Ciências:

SÃO PAULO. **Ciências**. São Paulo: SE/CENP, 1993.

É possível comprar um kit com todo o material pronto para efetuar as análises propostas no Seção 7.2 no site: <www.alfakit.com.br> (ecokit).

No site da Assembleia Legislativa, do Estado de São Paulo podem ser encontradas as leis relacionadas à proteção de mananciais, na página:

<http://www.al.sp.gov.br/lgislacao/norma.do?id=5976>.

A Cetesb publica anualmente o **Relatório de qualidade das águas**, que traz informações muito importantes. Disponível no site: <www.cetesb.sp.gov.br>.

O **Atlas ambiental do município de São Paulo** é um material com muitos dados úteis. Disponível em:<http://atlasambiental.prefeitura.sp.gov.br/>.

7.4. BIBLIOGRAFIA CONSULTADA

BRASIL, Secretaria de Educação Fundamental. **Parâmetros curriculares nacionais**: Ciências Naturais. Brasília: MEC/ SEF, 1998.

BRASIL, Secretaria de Educação Fundamental. **Parâmetros curriculares nacionais**: História. Brasília: MEC/ SEF, 1998.

CETESB. **Relatório de qualidade das águas interiores do estado de São Paulo**: 2004. São Paulo: Cetesb, 2005.

CONDINI, P. **Subsídios para educação ambiental na bacia hidrográfica do Guarapiranga**. São Paulo: SMA/Ceam, 1998.

PONTUSCHA, N. N. **A formação pedagógica do professor de geografia e as práticas interdisciplinares**. Tese (Doutorado) – Faculdade de Educação, Universidade de São Paulo, São Paulo, 1994.

SÃO PAULO. **Proposta curricular do estado de São Paulo**: Ciências. São Paulo: SEE, 2008.

Considerações finais

Como comentamos na Introdução, optamos por abordar alguns contextos sociais relevantes na atualidade brasileira mesclando conhecimentos científicos pertinentes, com ênfase em conhecimentos químicos, acrescidos, quando cabível, de dados estatísticos relativos à situação em estudo, buscando preencher uma lacuna existente no ensino de Ciências.

É claro que nossa proposta não tem a pretensão de esgotar todos os saberes envolvidos em cada tema. Assim, cada professor pode adequar, à sua realidade de trabalho, cada tema aqui proposto, e os respectivos conhecimentos abordados a partir dele, acrescentando o que achar conveniente. Para o estudo desses temas com os alunos, também deve modificar as atividades e agregar outras, além das sugeridas em cada capítulo, pois em nenhum deles são enfocados todos os aspectos do tema. As propostas servem como exemplos de possíveis abordagens para a sala de aula, sem a pretensão de tratar todo o conteúdo.

Lembramos também que muitas das considerações metodológicas que fizemos se aplicam a qualquer tema, portanto, podem ser amplamente aproveitadas pelo professor para abordar outros assuntos. O mesmo vale para parte das estratégias propostas nas atividades, como por exemplo, o debate e o estudo do meio.

Enfim, esperamos que as ideias trazidas neste livro possam, de fato, servir de apoio e inspiração ao professor, para que ele aprimore, ainda mais, o seu trabalho em sala de aula.

Anexos

Tabela A.1 – Gasto energético basal médio para adultos*

*Energia gasta em 24h de completo repouso na cama.
[a] 1,77m de altura (acrescentar 20 kcal para cada 2,5cm se mais alto; se mais baixo, subtrair 20 kcal.
[b] 1,67m de altura (acrescentar 20 kcal para cada 2,5cm se mais alta; se mais baixa, subtrair 20 kcal.

Homens		Mulheres	
peso (kg)	gasto[a] de energia (kcal)	peso (kg)	gasto[b] de energia (kcal)
63	1.550	45	1.225
72	1.640	54	1.320
81	1.730	63	1.400
90	1.815	72	1.485
100	1.900	81	1.575

Tabela A.2 – Incrementos sobre o gasto energético basal para algumas atividades

atividade	% acima da basal
sentado quieto (lendo etc.)	30
atividade leve (trabalho em escritório)	40-60
atividade moderada (trabalho doméstico)	60-80
atividade pesada (construção)	100

Tabela A.3 – Gasto[a] calórico durante várias atividades

[a]Depende da eficiência e do tamanho do corpo. Acrescente 10% para cada 6 kg acima de 68 kg; subtraia 10% para cada 6 kg abaixo de 68kg.
Fonte das Tabelas 1, 2 e 3: SHARKEY, B. J. Condicionamento físico e saúde, 5. ed. Porto Alegre: ArtMed, 2006.

Atividade	kcal/min
dormir	1,2
descansar na cama	1,3
sentar, comendo	1,5
sentar, lendo	1,3
deitar, quieto	1,3
sentar, jogando cartas	1,5
de pé, normalmente	1,5
trabalhos da escola (ouvir)	1,7
conversar	1,8
higiene pessoal	2,0
escrever sentado	2,6
levantar e vestir-se	2,6
lavar-se e barbear	2,6
dirigir automóvel	2,8
lavar roupa	3,1
caminhar dentro de casa	3,1
arrumar a cama	3,4
vestir-se	3,4
tomar banho	3,4
dirigir motocicleta	3,4
varrer o chão	3,9
passar roupas	4,2

Atividade	kcal/min
cuidar do jardim	5,6
descer escada	7,1
subir escada	10 a 18
jogar sinuca	1,8
jogar voleibol recreativo ou competitivo	3,5 a 8,0
pedalar, do fácil ao mais difícil	5 a 15
patinar, do recreativo ao vigoroso	5 a 15
jogar basquetebol, em meia quadra ou inteira	6 a 9
jogar tênis, recreativo ou competitivo	7 a 11
jogar futebol	9
pular corda	10 a 15
praticar judô ou karatê	13
nadar por lazer	6
nadar (exceto borboleta) a 22-45m/min	6 - 12,5
nadar borbobeta a 45m/min	14
caminhar no plano (5,6 km/h)	5,6 – 7
caminhar em aclive (6,5 km/h)	11 – 15
caminhar em declive (4 km/h)	3,5 – 3,7
correr a 8 km/h	10
correr a 12 km/h	15
correr a 16 km/h	20